新时代新理念职业教育教材·铁道机车车辆类
行业紧缺人才、关键岗位从业人员培训教材
校企合作开发教材

铁道机车电机

主　编　潘京涛　于　雷　赵　威
副主编　谭　啸　王国松

北京交通大学出版社
·北京·

内 容 简 介

本书是在高等职业教育教学改革精神的指引下，由高校教师与企业专家联合编写的校企合作开发教材。本书系统、全面地介绍了机车电机的相关知识与维护保养方法。本书共分 5 个模块，分别为直流牵引电动机基本知识、直流牵引电动机的维护与检修、交流牵引电动机、辅助电动机、主变压器。

本书体系完整，精练实用，图文并茂，内容难度与职业岗位要求相契合，适合作为高等职业教育、中等职业教育、技师教育铁道机车类专业的教材，也可供相关工程技术人员参考。

图书在版编目（CIP）数据

铁道机车电机 / 潘京涛，于雷，赵威主编. —北京：北京交通大学出版社，2023.6
ISBN 978-7-5121-4981-6

Ⅰ . ① 铁…　Ⅱ . ① 潘…　② 于…　③ 赵…　Ⅲ . ① 机车车辆–电机　Ⅳ . ① U26

中国国家版本馆 CIP 数据核字（2023）第 099587 号

铁道机车电机
TIEDAO JICHE DIANJI

策划编辑：刘　辉　　责任编辑：刘　辉
出版发行：北京交通大学出版社　　　　　　电话：010-51686414　　http://www.bjtup.com.cn
地　　址：北京市海淀区高梁桥斜街 44 号　邮编：100044
印　刷　者：三河市华骏印务包装有限公司
经　　销：全国新华书店
开　　本：185 mm×260 mm　　印张：9.5　　字数：240 千字
版 印 次：2023 年 6 月第 1 版　　2023 年 6 月第 1 次印刷
定　　价：47.80 元

本书如有质量问题，请向北京交通大学出版社质监组反映。对您的意见和批评，我们表示欢迎和感谢。
投诉电话：010-51686043，51686008；传真：010-62225406；E-mail：press@bjtu.edu.cn。

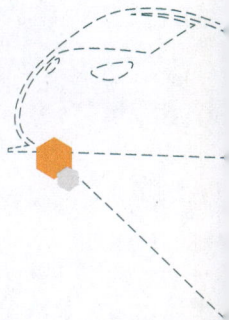

前　言

　　本书是在高等职业教育教学改革精神的指引下，由高校教师与企业专家联合编写的校企合作开发教材。本书共分 5 个模块，分别为直流牵引电动机基本知识、直流牵引电动机的维护与检修、交流牵引电动机、辅助电动机、主变压器。

　　本书图文并茂，精练实用，对机车电机的相关知识与维护保养方法进行了系统、全面的介绍，适合作为高等职业教育、中等职业教育、技师教育铁道机车类专业的教材。

　　本书由黑龙江交通职业技术学院潘京涛、中国铁路哈尔滨局集团有限公司齐齐哈尔北车辆段于雷、黑龙江交通职业技术学院赵威担任主编；黑龙江交通职业技术学院谭啸、王国松担任副主编。潘京涛编写模块 1；于雷编写模块 2；谭啸编写模块 3；赵威编写模块 4；王国松编写模块 5。

　　由于编者水平有限，书中难免存在错误和不妥之处，恳请广大读者批评、指正。反馈意见，索取相关教学资源，请与出版社编辑刘辉联系（邮箱：hliu3@bjtu.edu.cn；QQ：39116920）。

编　者

2023 年 3 月

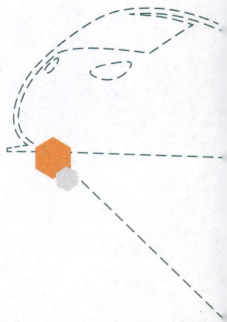

目　　录

模块 1

直流牵引电动机基本知识

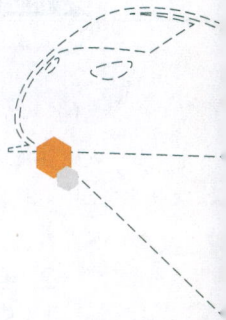

牵引电动机是指产生机车或动车牵引动力的电动机，是驱动电力机车、内燃机车、电动车辆、工矿机车、地下铁道车辆、城市电车及公路车辆运行的主电动机，它的运行性能直接影响机车车辆的牵引性能及经济技术指标，是电传动机车上的关键设备。

牵引电动机有多种类型，例如直流牵引电动机、脉流牵引电动机、变频交流异步牵引电动机、晶闸管同步牵引电动机及永磁同步牵引电动机等。目前我国交—直流电传动机车广泛采用脉流（串励）牵引电动机，但其最高转速和功率已经达到了技术极限。由于交流电动机具有结构简单、运行可靠、单位体积和质量小等优点，特别是随着大功率变频装置及控制技术的不断发展，应用交流电动机作为机车牵引电动机已经成为牵引传动发展的一个重要方向。

直流电机是电能和机械能相互转换的旋转电机之一，本模块按照直流的原理、结构、特性、应用的顺序，全面认识直流牵引电动机的相关知识。通过学习，要求掌握直流电动机的工作原理，掌握典型直流电机的特性与构造，能够绘制并分析直流电机的绕组展开图，掌握直流电机的参数及基本方程，能够分析直流电机的起动、反转、调速、制动的方法。

◆ 任务 1.1　直流牵引电动机工作原理认知

➜ 布置任务

1. 分析直流发电机工作原理
2. 分析直流电动机工作原理
3. 直流电机可逆性原理在机车中的应用

➜ 相关资料

1. 电力机车牵引电动机的作用

直流电机是电能和机械能相互转换的旋转电机之一。将机械能转换为直流电能的电机称为直流发电机；将直流电能转换为机械能的电机称为直流电动机。直流发电机可作为各种直流电源；直流电动机具有宽广的调速范围，较强的过载能力和较大的起动转矩等特点，广泛应用于对起动和调速要求较高的生产机械，如电力机车、内燃机车、工矿机车、城市电车、电梯、轧钢机等。

SS$_4$改型电力机车系交—直型电力机车，其能量传递过程是将接触网供给的单相工频交流电，经机车内部的牵引变压器降压，再经整流装置将交流电转换为直流电，然后向直流（脉流）牵引电动机供电，将电能转化为机械能，从而产生牵引力牵引列车运行。

2. 电力机车的牵引电动机布置

1）SS$_4$改型电力机车牵引电动机的布置

SS$_4$改型电力机车采用转向架独立供电方式，且每台转向架有相应独立的相控式主整流器，每节车有两个 B$_0$—B$_0$ 转向架，每个转向架有两台牵引电动机，每节车有四台牵引电动机，每台车有八台牵引电动机。每个转向架的牵引电动机采用背向布置方式，每个转向架的两台牵引电动机旋转方向相反。SS$_4$改型电力机车牵引电动机布置如图1-1所示。

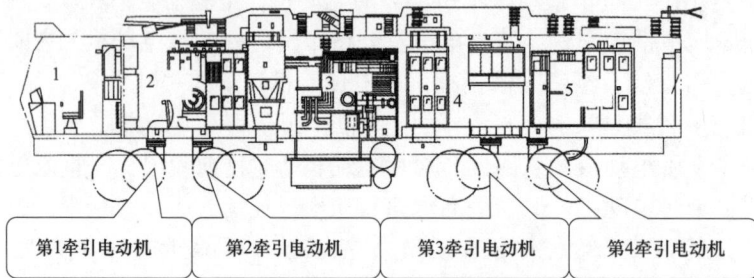

图1-1 SS$_4$改型电力机车牵引电动机布置

2）SS$_{7E}$型电力机车牵引电动机的布置

SS$_{7E}$型电力机车采用转向架独立供电方式，且每台转向架有相应独立的相控式主整流器，每节车有两个 C$_0$—C$_0$ 转向架，每个转向架有三台牵引电动机，每节车有六台牵引电动机。每个转向架的牵引电动机采用对向布置方式，两个转向架的牵引电动机旋转方向相反。

SS$_{7E}$型电力机车牵引电动机布置如图1-2所示。

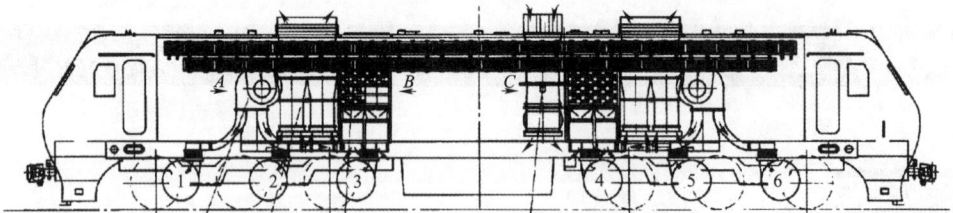

图1-2 SS$_{7E}$型电力机车牵引电动机布置

3. 直流电机的模型结构

直流电机是直流发电机和直流电动机的总称。直流电机具有可逆性，既可作直流发电机使用，也可作直流电动机使用。作直流发电机使用时，其将机械能转换成直流电能输出；作直流电动机使用时，其将直流电能转换成机械能输出。图1-3所示为直流发电机工作原理。N、S 为电机定子上固定不动的两个主磁极，主磁极可以采用永久磁铁，也可以采用电磁铁，在电磁铁的励磁线圈上通以方向不变的直流电流，便形成一定极性的磁极。

在两个主磁极 N、S 之间装有一个可以转动的、由铁磁材料制成的圆柱体，圆柱体表面嵌有一个线圈（称为电枢绕组），线圈首末两端分别连接到两个弧形钢片（称为换向片）上。

换向片之间有绝缘材料，它们构成一个整体，称为换向器。换向器固定在转轴上（但与转轴绝缘），随转轴一起转动，整个转动部分称为电枢。为了接通电枢内电路和外电路，在定子上装有两个固定不动的电刷，并压在换向器上，与其滑动接触。

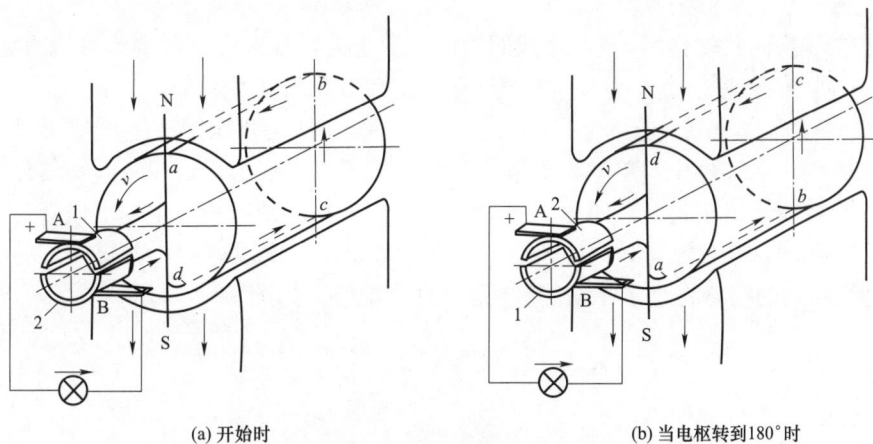

(a) 开始时　　　　　　　　　　　　　(b) 当电枢转到180°时

图 1-3　直流发电机工作原理

4. 直流发电机的工作原理

1）感应电势的产生

当直流发电机的电枢被原动机拖动，并以恒速 v 逆时针方向旋转时，如图 1-3（a）所示，线圈两个有效边 ab 和 cd 将切割磁力线，产生感应电势 e。其方向用右手定则确定，导体 ab 位于 N 极下，导体 cd 位于 S 极下，感应电势的方向分别为 $b \rightarrow a$，$d \rightarrow c$。若接通外电路，电流方向为换向片 1→A→负载→B→换向片 2。电流从电刷 A 流出，具有正极性，用"+"表示；从电刷 B 流入，具有负极性，用"-"表示。

当电枢的线圈转到 90°时，线圈有效边 ab 和 cd 转到 N、S 极之间的几何中心线上，此处磁密为零，故这一瞬时感应电势为零。

当电枢转到 180°时，导体 ab 和 cd 及换向片 1、2 位置互换，如图 1-3（b）所示。导体 ab 位于 S 极下，导体 cd 位于 N 极下，线圈两个有效边产生的感应电势方向分别为 $a \rightarrow b$，$c \rightarrow d$，电势方向恰与开始瞬时相反。外电路中流过的电流方向为换向片 2→A→负载→B→换向片 1。由此可见，电刷 A（B）始终与转到 N（S）极下的有效边所连接的换向片接触，故电刷极性始终不变，A 为"+"，B 为"-"。

由以上分析可知，线圈内部为交变电势，但电刷引出的电势方向始终不变，为一单方向的电势。

2）电势的波形

根据电磁感应定律，每根导体产生的感应电势 e 为：

$$e = B_x L v \tag{1-1}$$

式中：B_x——导体所在位置的磁通密度，T；

　　　L——导体切割磁力线的有效长度，m；

　　　v——导体切割磁力线的线速度，m/s。

要想知道电势的波形，先得找出磁密的波形，前面已设电枢以恒速 v 旋转，v 为常数，L 在电机中不变，则 $e \propto B_x$，即导体电势随时间的变化规律与气隙磁密的分布规律相同。设想将电枢从外圆某一点沿轴切开，把圆周拉成一直线作为横坐标，纵坐标表示磁密，而绘出图 1-4，曲线为一梯形波，由于 $e \propto B_x$，电势波形与磁密波形可用同一曲线表示，只需换一坐标即可得到线圈内部交变电势波形。

通过电刷和换向器的作用，及时将线圈内的交变电势转换成电刷两端单方向的直流电势，如图 1-5 所示，但它是一个大小在零和最大值之间变化的脉振电势。

对于图 1-3 而言，由于电枢上只嵌放了一个线圈，所以感应电势数值小，波动大。为了减小电势的脉动，在实际中，电枢上放置许多线圈组成电枢绕组，这些线圈均匀分布在电枢表面，并按一定规律连接起来。如图 1-6 所示，一台两极直流电机，电枢上嵌有在空间互差 90° 的两个线圈产生的电势波形，其脉动程度大大减小了。实践证明，若每极下的线圈边数大于 8，电势脉动的幅值将小于 1%，基本是一直流电势，如图 1-7 所示。

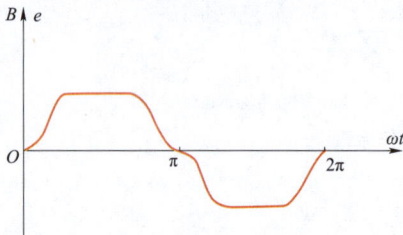

图 1-4　线圈内电势波形

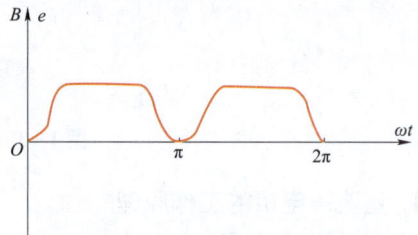

图 1-5　电刷两端的电势波形

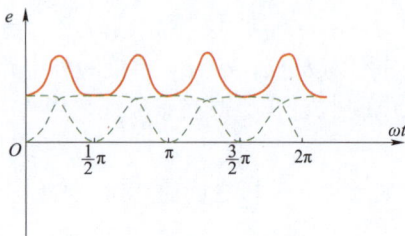

图 1-6　两个线圈换向后的电势波形

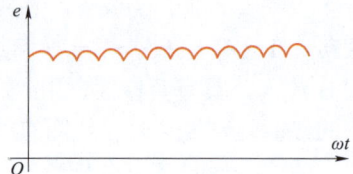

图 1-7　多个线圈电刷两端的电势波形

3）直流发电机产生的电磁转矩

当直流发电机电刷两端获得直流电势后，若接上负载，便有一电流流过线圈，电流 i 与电势 e 的方向相同。同时，载流导体在磁场中必然产生一电磁力 f，其方向用左手定则确定。电磁力对转轴形成一电磁转矩 T，T 与电枢旋转的方向相反，起到了阻碍作用，故称为阻转矩。直流电机要维持发电状态，原动机就必须输入机械能克服电磁转矩 T，正是这种克服，实现了将机械能转换成为电能。

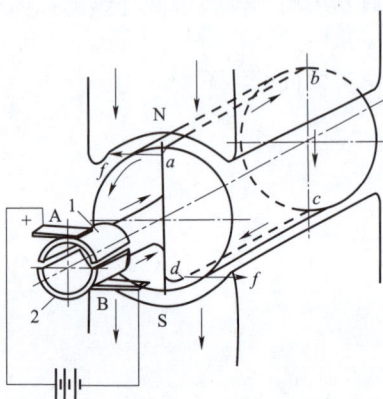

图 1-8　两极直流电动机工作原理

5. 直流电动机的工作原理

图 1-8 所示为两极直流电动机工作原理。直流电动机结构与直流发电机相同，不同的是电刷 A、B 外接一直流电源。图中瞬时电流的流向为 +→A→换向片 1→a→b→c→d→换向片 2→B→-。根据电磁力定律，载流导体 ab、

cd 都将受到电磁力 f 的作用，其大小为：

$$f = Bli \tag{1-2}$$

式中：i——导体中流过的电流，A。

导体所受电磁力的方向用左手定则确定，在此瞬时，ab 位于 N 极下，受力方向从右向左，cd 位于 S 极下，受力方向从左向右，电磁力对转轴便形成一电磁转矩 T。在 T 的作用下，电枢逆时针旋转起来。

当电枢转到 90°，电刷不与换向片接触，而与换向片间的绝缘片接触，此时线圈中没有电流流过，$i=0$，故电磁转矩 $T=0$，但由于机械惯性的作用，电枢仍能转过一个角度，电刷 A、B 又将分别与换向片 2、1 接触。线圈中又有电流 i 流过，此时，导体 ab、cd 中电流改变了方向，即为 $b→a$，$d→c$，且导体 ab 转到 S 极下，ab 所受的电磁力方向从左向右，cd 转到 N 极下，cd 所受的电磁力方向从右向左。因此，线圈仍然受到逆时针方向电磁转矩的作用，电枢始终保持同一方向旋转。

在直流电动机中，电刷两端虽然加的是直流电源，但在电刷和换向器的作用下，线圈内部却变成了交流电，从而产生了单方向的电磁转矩，驱动电机持续旋转。同时，旋转的线圈中也将感应产生电势 e，其方向与线圈中电流方向相反，故称为反电势。直流电动机若要维持继续旋转，外加电压就必须高于反电势，才能不断地克服反电势而流入电流，正是这种克服，实现了将电能转换成为机械能。

由此可见，直流电机具有可逆性，即一台直流电机既可作发电机运行，也可作电动机运行。当输入机械转矩将机械能转换成电能时，电机作发电机运行；当输入直流电流产生电磁转矩，将电能转换成机械能时，电机作电动机运行。例如电力机车在牵引工况时，牵引电机作电动机运行，产生牵引力；在制动工况时，牵引电机作发电机运行，将机车和列车的动能转换成电能，产生制动力对机车进行电气制动。

学习工作单与考核表

任　　务	直流牵引电动机工作原理认知			
学习小组		姓名		
学习工作任务	学习工作任务完成评价			
工作任务 1：分析直流发电机工作原理	自我评价		小组评价	教师评价
工作任务 2：分析直流电动机工作原理	自我评价		小组评价	教师评价
工作任务 3：直流电机可逆性原理在机车中的应用	自我评价		小组评价	教师评价

→ 自测题

1. 填空题

（1）直流电机是电能和机械能相互转换的旋转电机之一，将机械能转换为直流电能的电机称为（　　　）。

（2）直流电机是电能和机械能相互转换的旋转电机之一，将直流电能转换为机械能的电机称为（　　　）。

（3）（　　　）是直流发电机和直流电动机的总称。

（4）直流电机具有（　　）性。

（5）电力机车在牵引工况时，牵引电机作（　　　）运行。

（6）机车牵引电机在电阻制动时作（　　　）运行。

2. 简答题

（1）什么是直流电机？

（2）简述直流发电机工作原理。

（3）简述直流电动机工作原理。

（4）什么是直流电机可逆性原理？

任务 1.2　直流电机基本结构认知

→ 布置任务

1. 认识直流电机的基本结构
2. 直流电机的定子组成及作用
3. 直流电机的转子组成及作用

→ 相关资料

直流电机由静止的定子和旋转的转子两大部分组成，在定子和转子之间有一定大小的间隙（称气隙），直流电机结构图如图 1-9 所示。

1. 定子

直流电机定子的作用是产生磁场和作为电机的机械支撑。其主要由机座、主磁极、换向极和电刷装置等组成。

1）机座

机座起机械支撑和导磁两个作用。它既用来作为安装电机所有零件的外壳，又是联系各磁极的导磁铁轭。机座通常为铸钢件，也有采用钢板焊接而成的。

2）主磁极

主磁极是一个电磁铁，其作用是产生主磁场，主磁极如图 1-10 所示，其主要由主极铁心和主极线圈两部分组成。主极铁心一般用 1～1.5 mm 厚的薄钢板冲片叠压后再用铆钉铆紧成一个整体。小型电机的主极线圈用绝缘铜线（或铝线）绕制而成，大中型电机主极线圈用扁铜线绕制，并进行绝缘处理，然后套在主极铁心外面。整个主磁极通过螺钉固定在机座内壁。

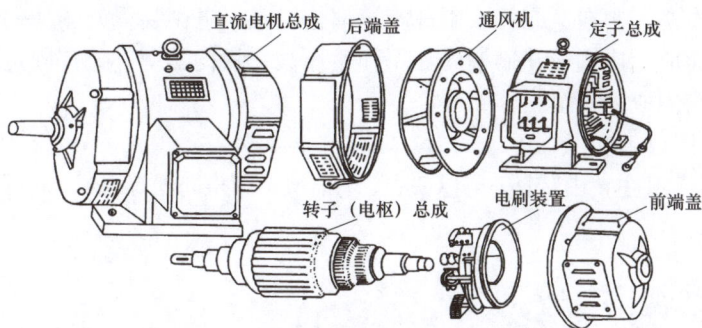

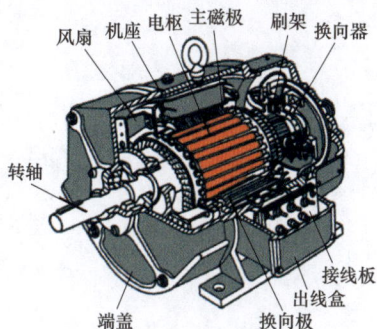

图 1-9 直流电机结构图

3）换向极

换向极又称附加极，它装在两个主极之间，用来改善直流电机的换向。换向极由换向极铁心和换向极线圈构成，如图 1-11 所示。换向极铁心大多用整块钢加工而成，但在整流电源供电的功率较大电机中，为了更好地改善电机换向，换向极铁心也采用叠片结构。换向极线圈是用圆铜线或扁铜线绕制而成的，经绝缘处理后套在换向极铁心上，最后用螺钉将换向极固定在机座内壁。

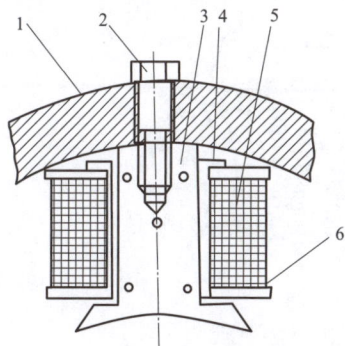

1—机座；2—主极螺钉；3—主极铁心；4—框架；

5—主极线圈；6—绝缘垫衬。

图 1-10 主磁极

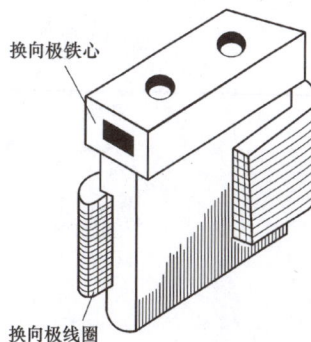

图 1-11 换向极

7

4）电刷装置

电刷装置的作用是通过电刷与换向器表面的滑动接触，把转动的电枢绕组与外电路相连。电刷装置一般由电刷、刷握、刷杆、刷杆座等部分组成，电刷装置如图 1-12 所示。电刷一般用石墨粉压制而成。电刷放在刷握内，用弹簧压紧在换向器上，刷握固定在刷杆上，刷杆装在刷杆座上，它们成为一个整体部件。

2. 转子

转子又称电枢，其主要由转轴、电枢铁心、电枢绕组和换向器等组成。转子如图 1-13 所示。

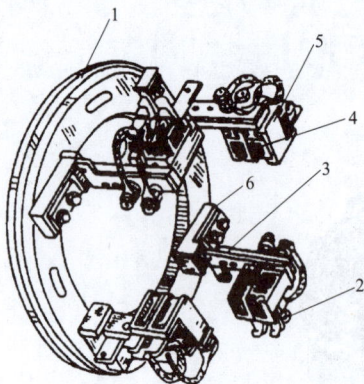

1—刷杆座；2—弹簧；3—刷杆；4—电刷；5—刷握；6—绝缘杆。

图 1-12　电刷装置　　　　　　　　　　　　　**图 1-13　转子**

1）转轴

转轴的作用是传递转矩，一般用合金钢锻压而成。

2）电枢铁心

电枢铁心是电机磁路的一部分，也是承受电磁力作用的部件。当电枢在磁场中旋转时，在电枢铁心中将产生涡流和磁滞损耗，为了减小这些损耗的影响，电枢铁心通常用 0.5 mm 厚的电工钢片叠压而成，电枢铁心固定在转子支架或转轴上。电枢铁心冲片和铁心如图 1-14 所示，沿铁心外圈均匀地分布有槽，在槽内嵌放电枢绕组。

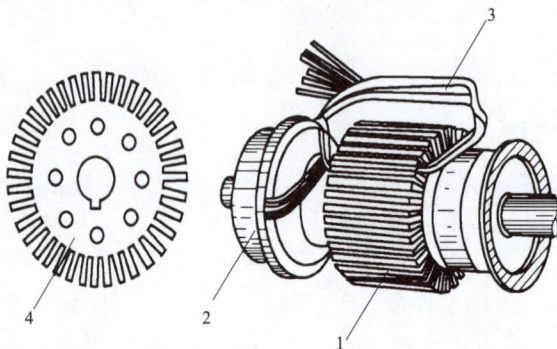

1—电枢铁心；2—换向器；3—绕组元件；4—铁心冲片。

图 1-14　电枢铁心冲片和铁心

3）电枢绕组

电枢绕组的作用是产生感应电势和通过电流产生电磁转矩，实现机电能量转换。它是直流电机的主要电路部分。电枢绕组通常由圆形或矩形截面的导线绕制而成，再按一定规律嵌放在电枢槽内，上下层之间及电枢绕组与铁心之间都要妥善地绝缘。为了防止离心力将绕组甩出槽外，槽口处需用槽楔将绕组压紧，伸出槽外的绕组端接部分用无纬玻璃丝带绑紧。绕组端头则按一定规律嵌放在换向器钢片的升高片槽内，并用锡焊或氩弧焊焊牢。

4）换向器

换向器的作用是机械整流，即在直流电动机中，它将外加的直流电流逆变成绕组内的交流电流；在直流发电机中，它将绕组内的交流电势整流成电刷两端的直流电势。换向器结构与实物如图 1-15 所示。换向器由许多换向片组成，换向片间用云母片绝缘。换向片凸起的一端称升高片，用以与电枢绕组端头相连，换向片下部做成燕尾形，利用换向器套筒、V 形压圈及螺旋压圈将换向片、云母片紧固成一个整体。在换向片与换向器套筒、V 形压圈之间用 V 形云母环绝缘，最后将换向器压装在转轴上。

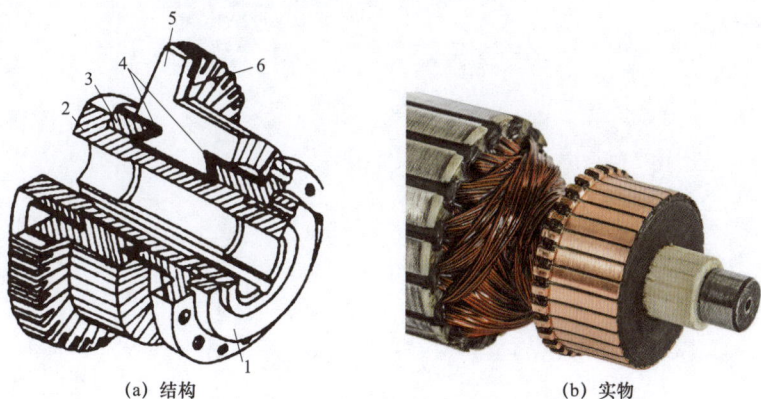

(a) 结构　　　　　　　　　　　(b) 实物

1—螺旋压圈；2—换向器套筒；3—V 形压圈；4—V 形云母环；5—换向片；6—云母片。

图 1-15　换向器结构与实物

学习工作单与考核表

任　　务	直流电机基本结构认知		
学习小组		姓名	
学习工作任务	学习工作任务完成评价		
工作任务 1：认识直流电机的基本结构	自我评价	小组评价	教师评价
1._____ 2._____ 3._____ 4._____ 5._____ 6._____ 7._____			

续表

学习工作任务	学习工作任务完成评价		
工作任务2：直流电机的定子组成及作用	自我评价	小组评价	教师评价
工作任务3：直流电机的转子组成及作用	自我评价	小组评价	教师评价

→ 自 测 题

1. 填空题

（1）直流电机定子的作用是产生 ＿＿＿＿＿＿＿ 和作为电机的机械支撑。

（2）＿＿＿＿＿＿＿＿＿＿ 起机械支撑和导磁两个作用。

（3）主磁极是一个电磁铁，其由主极铁心和 ＿＿＿＿＿＿＿＿＿ 两部分组成。

（4）换向极又称为附加极，它装在 ＿＿＿＿＿＿＿ 之间，用来改善直流电机的换向。

（5）＿＿＿＿＿＿＿＿＿ 的作用是产生感应电势和通过电流产生电磁转矩，实现机电能量转换。

（6）在直流发电机中，换向器的作用是将绕组内的 ＿＿＿＿＿＿＿ 整流成电刷两端的直流电势。

2. 判断题

（1）换向器属于直流电机的定子部分。 （   ）

（2）电枢绕组通常由圆形或矩形截面的导线绕制而成，再按一定规律嵌放在电枢槽内，上下层之间及电枢绕组与铁心之间不用绝缘。 （   ）

（3）换向器由许多换向片组成，换向片间用云母片绝缘。 （   ）

3. 简答题

（1）直流电机的组成结构是怎样的？

（2）简述直流电机定子组成及各部位作用。

（3）简述直流电机转子组成及各部位作用。

任务 1.3　直流电机电枢绕组展开图的绘制

➡ 布置任务

1. 认识直流电机的电枢绕组、绕组元件、实槽、虚槽的概念
2. 进行直流电机单叠绕组展开图的绘制

➡ 相关资料

电枢绕组是实现电能和机械能相互转换的枢纽，为直流电机重要部件之一，绕组的型式与电机的性能、寿命和效率有很大的关系。研究直流电机电枢绕组，主要是找出绕组元件相互之间和元件与换向器角度的连接规律。不同类型的电枢绕组，具有不同的连接规律。直流电机的电枢绕组分为单叠绕组、复叠绕组、单波绕组、复波绕组等几种类型。

1. 电枢绕组概述

1）对电枢绕组的要求

电枢绕组是由许多形状相同的线圈，按一定规律连接起来的总称。对于电枢绕组而言，要求有一定的导体数，应能产生较大的电势；通过一定大小的电流能产生足够大的电磁转矩。同时，应尽量节省有色金属和绝缘材料，并要求结构简单，运行安全可靠。

2）绕组元件

绕组元件是用绝缘铜导线绕制成的线圈，这些线圈是组成电枢绕组的基本单元，故称为绕组元件。一个元件有两个有效边，其中一个有效边嵌放在某个槽的上层（称为上元件边），另一个有效边嵌放在另一个槽的下层（称为下元件边），元件的首末端分别接于两个换向片上，如图 1–16 所示。元件在铁心槽内的部分称为有效部分，槽外两端仅起连接作用，称为端接部分。

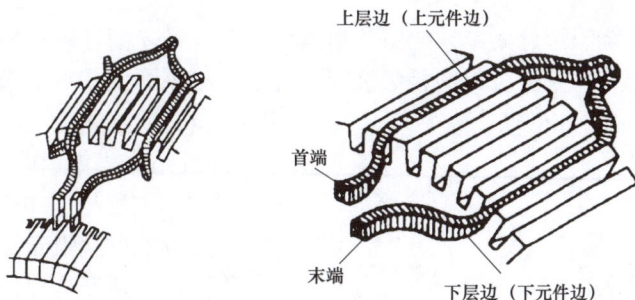

图 1–16　线圈与换向器

3）元件数 S、换向片数 K、虚槽数 Z_u 之间的关系

每个元件均有首末两端，而每个换向片总是焊接着一个元件的末端和另一个元件的首端，因此，元件数与换向片数相等，即：

$$S = K \tag{1-3}$$

11

若每一个实槽内嵌放上、下两个有效边，则称为一个单元槽或一个虚槽，但有些电机，一个实槽内上、下层常并列嵌放多个元件边，如图 1-17 所示，这时，电枢总的虚槽数为：

$$Z_u = uZ \qquad (1-4)$$

式中：Z——电枢铁心实槽数；

u——一个实槽内所包含的虚槽数。

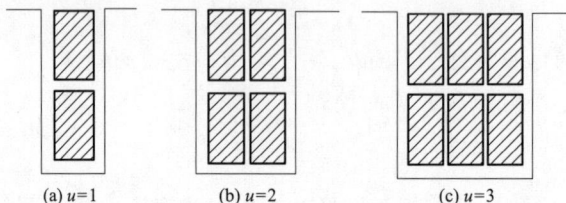

(a) $u=1$ (b) $u=2$ (c) $u=3$

图 1-17 实槽与虚槽

于是，可得 S、K、Z_u 的关系为：

$$S = K = Z_u = uZ \qquad (1-5)$$

4）极距

电枢表面圆周上相邻两主磁极之间的距离，以长度表示为：

$$\tau = \frac{\pi D_a}{2p} \qquad (1-6)$$

以虚槽表示为：

$$\tau = \frac{Z_u}{2p} \qquad (1-7)$$

式中：D_a——电枢外径；

p——主磁极对数。

5）绕组的型式和节距

（1）绕组的基本型式。

直流电机的电枢绕组可分为单叠绕组和单波绕组两大类，图 1-18 所示为单叠绕组连接规律示意图。由图可见，单叠绕组的相邻绕组元件在电枢表面仅差一个槽，单个绕组元件的首端和末端之间相邻一个换向片。例如图中第一绕组元件从 N 极出发，绕到相邻的 S 极，通过换向器与 N 极下的第二绕组元件串联，直到所有的绕组元件都串联起来为止。

图 1-19 所示为单波绕组连接规律示意图。由图可见，单波绕组的相邻绕组元件相隔约为两个极距，第二绕组元件与第一绕组元件处在相同极性的两个磁极下，单个

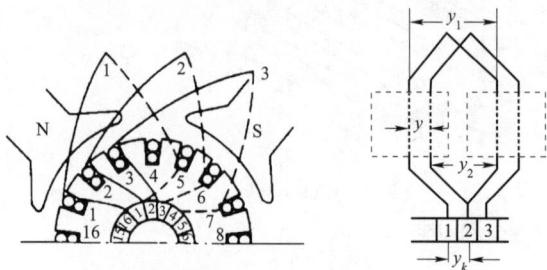

图 1-18 单叠绕组连接规律示意图

绕组元件的首端与末端相隔约为两个极距。若电机有 p 对磁极，则连接 p 个元件后才回到出发元件的邻近，并相隔一个槽，以便第二周继续绕下去，直到所有的绕组元件都串联起来为止。

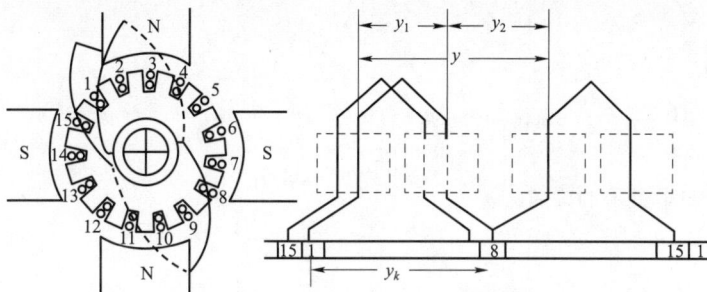

图 1-19 单波绕组连接规律示意图

（2）绕组的节距。

各种绕组在电枢和换向器上的连接规律，由绕组的节距来确定。直流电机的节距有线圈节距（又称第一节距）y_1，合成节距 y，换向器节距 y_k 和后节距（又称第二节距）y_2。

① 线圈节距 y_1。

线圈节距 y_1 是指同一元件两有效边在电枢表面所跨过的距离，一般以虚槽数（整数）表示。

$$y_1 = \frac{Z_u}{2p} \pm \varepsilon \tag{1-8}$$

式中，ε 是用来把 y_1 凑成整数的一个小数。当 $\varepsilon = 0$ 时，$y_1 = \tau$，为整距绕组；当 ε 取 "–" 号时，$y_1 < \tau$，为短距绕组；当 ε 取 "+" 号时，$y_1 > \tau$，为长距绕组。整距绕组可获得最大感应电势，短距绕组和长距绕组感应电势略小。由于短距绕组比长距绕组节省端部材料，同时短距绕组对换向有利，所以一般采用短距绕组。

② 合成节距 y。

合成节距 y 是指相连接的两个绕组元件的对应边在电枢表面所跨过的距离。

③ 换向器节距 y_k。

换向器节距 y_k 是指同一个绕组元件首末端所连接两换向片之间在换向器表面所跨过的距离，以换向片数表示：

$$y_k = y$$

④ 后节距 y_2。

后节距 y_2 是指相串联的两元件中，第一元件的下层有效边与所连接的第二元件的上层有效边之间在电枢表面所跨过的距离。其值取决于 y_1 和 y，并与绕组的类型有关。

单叠绕组 $\qquad\qquad\qquad\qquad y_2 = y_1 - y \qquad\qquad\qquad (1-9)$

单波绕组 $\qquad\qquad\qquad\qquad y_2 = y - y_1 \qquad\qquad\qquad (1-10)$

2. 单叠绕组

单叠绕组的同一元件首末两端分别与相邻两换向片相接，第一元件的末端与第二元件的首端接在同一换向片上。两只相互串联的元件总是后一只紧叠在前一只上面，故称为单叠绕组。其特征为：

$$y = y_k = \pm 1 \tag{1-11}$$

式中，取 "+" 为右行绕组，取 "–" 为左行绕组，左行绕组端部交叉，一般不予采用。

为进一步分析单叠绕组的连接方法和特点，现以 $Z_u = S = K = 16$，$2p = 4$ 为例，绕制一单叠右行绕组。

1）计算节距

$$y_1 = \frac{Z_u}{2p} \pm \varepsilon = \frac{16}{4} \pm 0 = 4，为整距绕组；$$

$$y = y_k = 1，为单叠右行绕组；$$

$$y_k = y_1 - y = 4 - 1 = 3$$

2）绕组展开图

根据求得的各种节距，可画出绕组展开图。先将电枢表面展开成平面，并将电枢槽、元件及换向片编号。其中元件及换向片编号与其上层边所在槽号相同，电枢槽号和换向片编号之间的相对位置，用如下方法确定：为了使元件的端接对称，应使每一元件所接的两个换向片的分界线与其轴线重合。

图 1-20 所示为单叠右行绕组展开图，图中元件上层边画成实线，下层边画成虚线。第 1 元件的首端接在换向片 1 上，它的一边放在 1 号槽的上层，另一边放在 5 号槽的下层（y_1=4），末端接在换向片 2 上（y_k=1）；第 2 元件的首端接在换向片 2 上，它的一边放在 2 号槽的上层，另一边放在 6 号槽的下层，末端接在换向片 3 上；依次连接第 3、第 4 等元件，直到第 16 元件。第 16 元件的末端又接在换向片 1 上，组成一个闭合回路。

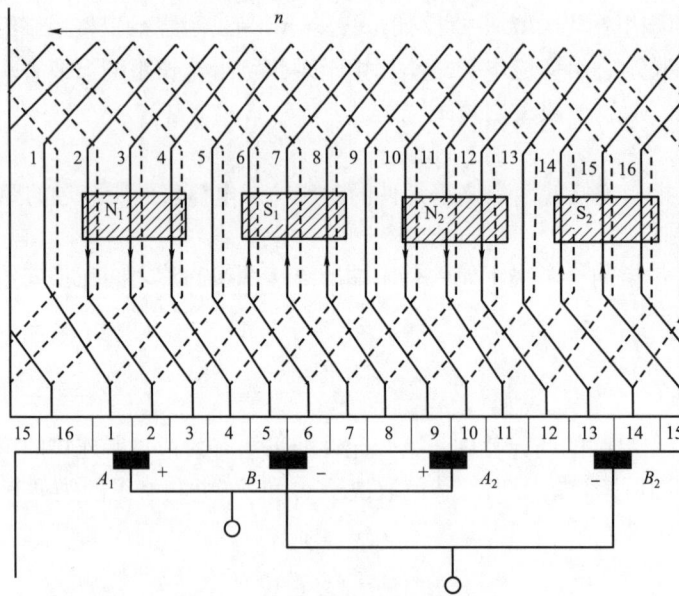

图 1-20　单叠右行绕组展开图

3）主极位置

为了确定电枢绕组中感应电势的方向，需假定电枢的转向，同时画出主极的位置和极性。电机主极在圆周上是对称均匀分布的，极靴宽度一般为（0.6～0.7）τ。在展开图上对称均匀划分极距，并在每极距内画上磁极并假设极性，N 极表示磁力线方向进入纸面，S 极表示磁力线方向离开纸面。根据右手定则，可以确定各导体中感应电势的方向，用元件边上的箭头表示，在 N 极下的元件边中电势方向均向下；在 S 极下元件边中的电势方向均向上。由于几何中心线处的磁密为零，故此处元件边中电势为零，即第 1、5、9、13 元件中电势为零。因此，电枢电势的分界线是磁场的分界线。

4）电刷位置和极性

电刷在换向器上的位置是根据空载时在正负电刷之间能获得最大电势这一原则来确定的。为了获得最大电势，电刷应与电势为零的电枢元件所连接的换向片相接触。

电势为零的元件所处的位置，用下述方法判断：若是整距绕组（$y_1 = \tau$），如图 1-21（a）所示，当两元件边位于几何中心线时，元件电势为零，此时，元件轴线与主极轴线重合。如果是短距绕组（$y_1 < \tau$），如图 1-21（b）所示，当元件轴线与主极轴线重合时，两元件边不在几何中心线上，而处在同一极性下左右对称，此时，两元件边电势大小和方向都相同，互相抵消，元件电势也为零。由此可见，只要元件的轴线与主极轴线重合，感应电势即为零。此时，元件所接的两个换向片的分界线与主极轴线重合，所以电刷必须放在主极轴线下的换向片上。对应一个主极，便可放置一组电刷。本例中 $2p = 4$，则应有四组电刷。电刷的宽度通常等于换向片宽度的 1.5～3 倍。在分析电机电枢绕组时，为简便起见，电刷只画成一个换向片宽。

电刷的极性由线圈内电势的方向来确定，当电枢转向和主极极性一定时，通过换向片跨接在任何两相邻电刷间的元件中的电势方向是一定的，因此电刷的极性固定不变。图 1-22 中 A 电刷为正，B 电刷为负。将同极性电刷相连后引出正负两接线端。

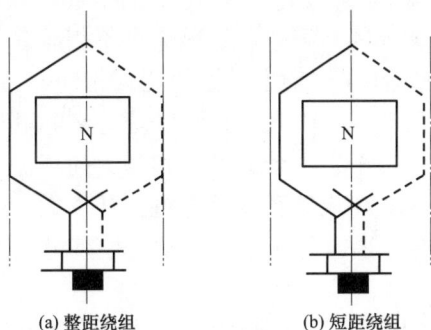

(a) 整距绕组　　(b) 短距绕组

图 1-21　电刷放置法

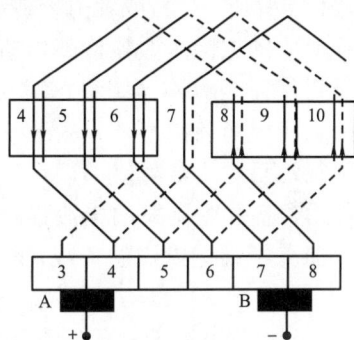

图 1-22　电刷极性

5）并联支路数

将图 1-20 中的元件依次连接，可得单叠绕组的瞬间电路图，如图 1-23 所示。由图 1-23 可见，有 4 条支路并联于正负电刷之间。每一支路都是由上层边处在同一主极下的元件串联而成，一个主极对应一条支路，则单叠绕组的并联支路数恒等于电机的主极数。所以支路对数 a 等于主极对数 p，即：

$$a = p$$

电枢旋转时，各元件的位置随之移动，构成各支路的元件在交替更换，由于电刷位置是固定的，所以组成一条支路的元件数不变，感应电势大小不变，从电刷外面看绕组时，永远是一个具有 $2a$ 条并联支路的电路。

电刷两端接通负载或电源时，产生电枢电流，由于电刷两侧的感应电势方向相反，则电刷两侧的电流方向相反，所以电枢电流的分界线是电刷。

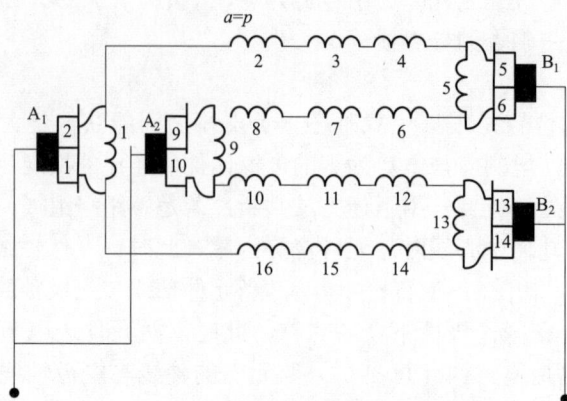

图 1-23 单叠绕组的瞬间电路图

单叠绕组的电枢电势 E_a 等于一条支路的电势，电枢电流 I_a 等于各支路电流 i_a 之和，即：

$$I_a = 2a \cdot i_a \tag{1-12}$$

6）单叠绕组的均压线

在多极（$2p > 2$）电机的单叠绕组中，各支路的元件边处在不同的磁极下。如果各极下的气隙、磁通量都相等，电机运行正常，这是理想的情况，但实际上由于磁性材料不均匀，磁路的磁阻可能有所不同；或者由于制造上的偏差（如铸件中的气孔，安装时的误差等）；或者由于运行造成的原因（如轴承磨损使气隙不均匀）等都会导致各极磁通量不相等。因此即使绕组排列得完全对称（绕组每对支路中的对应元件在磁场中所处的位置相同），也会使各支路中感应电势有所不同，从而在绕组中引起环流。该环流的数值仅受支路电阻和接触电阻的限制，而这些电阻值都很小，所以较小的电势不平衡就会产生相当大的环流。当电枢带负载后，各并联支路的电流也将严重地不对称。环流的存在使电机损耗加大，更重要的是环流加重了某些电刷的负载，恶化了换向条件，很容易在电刷下发生危害电机运行的火花。

为了在一定程度上消除环流的不良影响，可将电枢绕组中理论上电位相等的点用均压线连接起来，如图 1-24 所示。实际电机的均压线（$a-b$）连接在对应的换向片上，所以均压线节距 y_p 可用一对极内的换向片数表示，并且由于在单叠绕组中，$p=a$，所以：

$$y_p = \frac{K}{p} = \frac{K}{a} \tag{1-13}$$

上例中 $2p = 4$，$Z = K = S = 16$，$y_p = \dfrac{K}{p} = \dfrac{16}{2} = 8$，即换向片 1-9，2-10，3-11，…

间都可连接均压线。如每个换向片上都连接均压线，共有 $\dfrac{K}{p} = \dfrac{16}{2} = 8$ 根，称为全额均压线。

一般电机，可以采用 1/2 或 1/3 的全额均压线。

均压线可制成与电枢绕组端部同样形状，包上与电枢绕组同等级的绝缘，然后按照均压线节距接到换向片上。均压线放置位置如图 1-25 所示，将均压线接在换向片上后绑扎固定，然后再嵌放入电枢绕组。

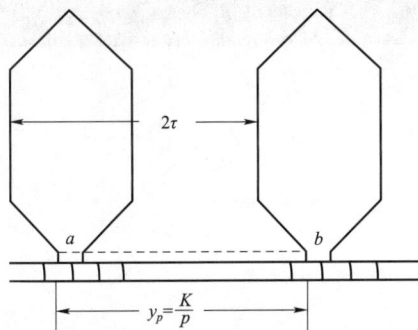

图 1-24　单叠绕组的均压线

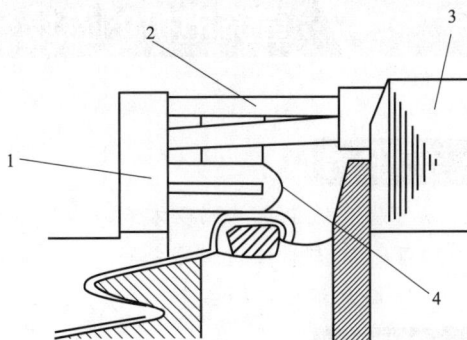

1—换向片；2—电枢绕组；3—电枢铁心；4—均压线。

图 1-25　均压线放置位置

学习工作单与考核表

任　　务	直流电机电枢绕组展开图的绘制			
学习小组		姓名		
学习工作任务		学习工作任务完成评价		
工作任务 1：认识直流电机的电枢绕组、绕组元件、实槽、虚槽的概念		自我评价	小组评价	教师评价
工作任务 2：进行直流电机单叠绕组展开图的绘制（以 $Z_u=S=K=16$，$2p=4$ 为例，绘制一单叠右行绕组展开图并连接均压线）		自我评价	小组评价	教师评价

→ 自测题

简答题

（1）简述直流电机电枢绕组、绕组元件、实槽、虚槽的概念。

（2）简述电机单叠绕组展开图的绘制方法。

任务 1.4 直流电机的磁场

➡ 布置任务
1. 掌握直流电机的励磁方式
2. 了解直流电机的磁场分布
3. 掌握电枢反应的概念

➡ 相关资料

分析直流电机基本工作原理可知，发电机将机械能转换为电能，电动机将电能转换为机械能，其必要条件之一是必须具有气隙磁通。因此，必须在直流电机主磁极的励磁绕组中通以励磁电流来产生磁势，以产生气隙磁通。使电枢绕组切割气隙磁通而感应电势；或者由电枢电流与气隙磁通相互作用而产生电磁转矩，从而实现机电能量的转换。

1. 直流电机的励磁方式

直流电机的励磁方式是指直流电机励磁绕组和电枢绕组之间的连接方式。不同励磁方式的直流电机，其特性有很大差异，因此，励磁方式是选择直流电机的重要依据。直流电机的励磁方式可分为他励、并励、串励、复励 4 类，如图 1-26 所示。

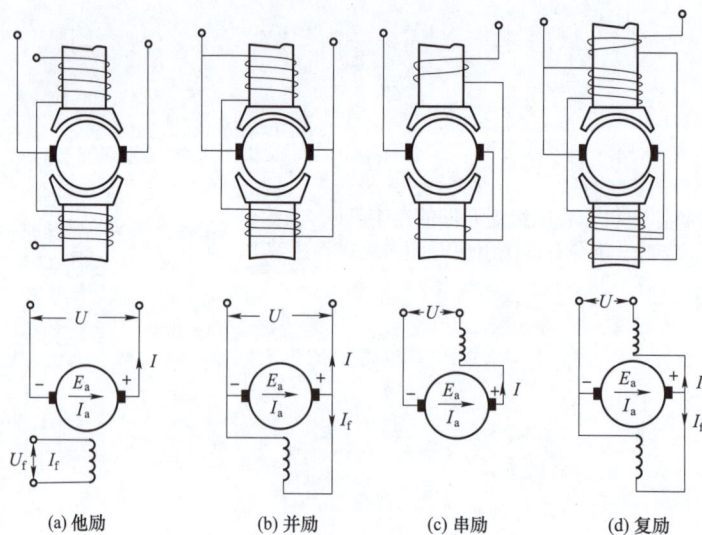

(a) 他励　　　(b) 并励　　　(c) 串励　　　(d) 复励

图 1-26　直流电机的励磁方式

1）他励电机

他励电机的励磁绕组和电枢绕组各自分开，励磁绕组由独立的直流电源供电，如图 1-26（a）所示。励磁电流 I_f 的大小只取决于励磁电源的电压和励磁回路的电阻，而与电机的电枢电压大小及负载无关。用永久磁铁作主磁极的电机可当作他励电机。

2）并励电机

并励电机的励磁绕组与电枢绕组并联，如图 1-26（b）所示。励磁电流一般为额定电流的 5%，要产生足够大的磁通，需要有较多的匝数，所以并励绕组匝数多，导线较细。

3）串励电机

串励电机的励磁绕组与电枢绕组串联，如图 1-26（c）所示。励磁电流与电枢电流相同，数值较大，所以串励绕组匝数很少，导线较粗。

4）复励电机

复励电机至少有两个励磁绕组，其中一个是串励绕组，其他为并励（或他励）绕组，如图 1-26（d）所示。通常并励绕组起主导作用，串励绕组起辅助作用。若串励绕组和并励绕组所产生的磁势方向相同，称为积复励；若串励绕组和并励绕组所产生的磁势方向相反，称为差复励。并励绕组匝数多，导线细；串励绕组匝数少，导线粗，它们在外观上有明显的区别。

直流电机各类绕组接线后，其引出线的端头要加以标记，IEC 国际标准规定的直流电机各绕组线端符号见表 1-1。

表 1-1　直流电机各绕组线端符号

绕组名称	电枢绕组	换向极绕组	补偿绕组	串励绕组	并励绕组	他励绕组
线端符号	A_1　A_2	B_1　B_2	C_1　C_2	D_1　D_2	E_1　E_2	F_1　F_2

2. 直流电机的空载磁场

直流电机空载时，电枢电流为零，只有励磁绕组中存在电流，因此，空载时电机的气隙磁场完全由励磁绕组的电流产生。

1）空载磁场的分布

励磁绕组中通入励磁电流 I_f 后，各主磁极依次为 N 极和 S 极，由于电机磁路对称，不论极数多少，每对极下的磁通分布是相同的，因此，可以讨论一对极下磁通分布的情况。图 1-27 所示为直流电机的空载磁场，主磁通 Φ 由 N 极出来，经空气隙和电枢齿槽，便分左右两路经过电枢轭、电枢齿槽和空气隙进入相邻的 S 极，然后从定子磁轭回到 N 极而自成闭路。主磁通 Φ 同时匝链着励磁绕组和电枢绕组，是实现能量转换的关键。从图中还可看出，在 N 极和 S 极之间，还存在着一小部分磁通，它们不进入电枢铁心，不与电枢绕组匝链，称为主极漏磁通 $\Phi_{\sigma1}$。主磁通

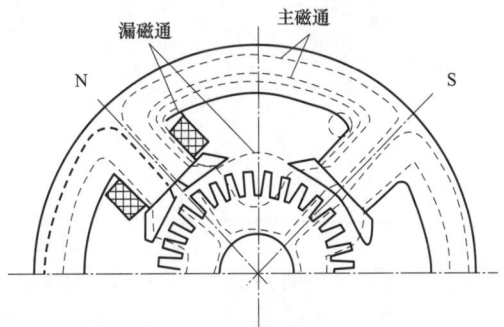

图 1-27　直流电机的空载磁场

磁路的空气隙较小，磁阻较小；漏磁通磁路的空气隙较大，磁阻较大，所以，在同样的磁势作用下，漏磁通要比主磁通小得多。一般电机的主极漏磁通为主磁通的 15%～20%。

2）电机的磁化曲线

电机的磁化曲线是指电机主磁通 Φ 与励磁磁势 F_f 的关系曲线 $\Phi = f(F_f)$。

电机运行时，要求每一个磁极下应具有一定的磁通量，这就要求有一定的励磁磁势 $F_f = I_f N_f$，而在实际中，励磁绕组匝数 $N_f =$ 常数，则 $F_f \propto I_f$，即励磁磁势与励磁电流成正比。故磁化曲线又可表示为 $\Phi = f(I_f)$。而电机中主磁通 Φ 所经过的路径绝大部分由铁磁材料构成，当铁磁材料磁化时，具有饱和现象，导磁系数不为常数，磁阻是非线性的。所以，$\Phi = f(I_f)$ 曲线与铁磁材料的 $B-H$ 曲线相似，如图1-28所示。

磁化曲线起始的一段是直线，因为在 Φ 不大时，铁磁材料的磁路未饱和，磁阻数值很小，磁通与磁势成正比，即 $\Phi \propto F_f$（或 $\Phi \propto I_f$）。当 Φ 逐渐增加时，磁路逐渐饱和，磁阻增加，则使 Φ 通过这部分磁阻所需的磁势 F_f（或 I_f）也随之增加，曲线逐渐弯曲变平。当磁路饱和以后，磁阻很大，为了增加很少一点磁通 Φ，就必须增加很大的磁势 F_f，即增加很大的励磁电流。因此，为了最经济地利用材料，设计电机时，一般使额定工作点位于曲线开始弯曲的所谓"膝点"附近。

3）气隙磁密分布曲线

在电机中，电枢导体切割气隙磁通而产生感应电势 $e = B_x L v$。当转速恒定时，$e \propto B_x$。因此，在研究电机时，不但要知道每极磁通 Φ 的大小，还需要知道主极下气隙中每一点磁密的大小，即气隙磁密的分布情况。根据磁路欧姆定律，气隙某处磁通或磁密的大小，取决于该处的磁势和磁路磁阻的大小。忽略铁心材料磁阻，可认为磁势全部消耗在气隙中，直流电机的主极气隙是不均匀的，极下部分气隙大小相等且数值很小，因此在极下部分磁密的大小相等且数值较大。靠近极尖处气隙逐渐增加，磁密明显减小，在两极之间的几何中心线上，磁密等于零。若不考虑电枢表面齿和糟的影响，在一个极距范围内，电枢各点垂直分量的磁密分布为近似梯形，如图1-29所示。主极磁场在主极轴线两侧对称分布，因此主极磁场的轴线为主极轴线。

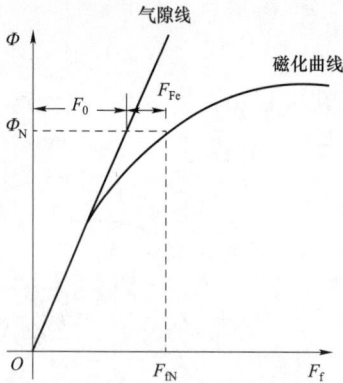

图1-28 电机的磁化曲线

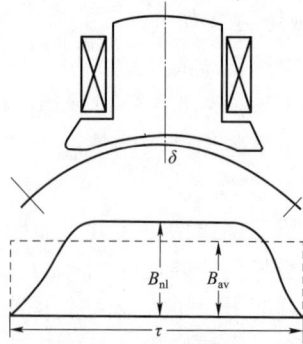

图1-29 气隙磁密的分布

磁密 B_x 曲线所包围的面积，即为主极磁通 Φ。由于磁通 Φ 是有方向的，所以 B_x 也有正、负，一般定为S极下磁密为正，N极下磁密为负。

3. 电枢磁场

直流电机负载运行时，电枢绕组中通过电流所产生的磁场称为电枢磁场。

电枢磁场沿电枢表面的分布情况与电枢电流的分布情况有关。在直流电机中，电枢电流方向的分界线是电刷，在电刷轴线两侧对称分布，所以电枢磁场的分布情况与电刷的位置有关。

电刷的正常位置应在主极轴线下的换向片上，这时与电刷相连接的电枢元件位于几何中心线上或附近。在分析电枢磁场示意图时，常省去换向器，把电刷画成与线圈的导体直接相连，所以在正常情况下，电刷直接画在几何中心线上。

下面分析电刷在几何中心线上和偏离几何中心线两种情况下的电枢磁场分布。

1）电刷在几何中心线上

当电刷在几何中心线上时，电枢电流的方向以电刷为分界线，相邻两电刷间的电枢圆周上的导体电流方向都相同，而每一电刷两侧的导体电流方向相反。因此，只要电刷不动，不论电枢是静止还是旋转，电枢表面电流分布总是不变的，所以电枢电流产生的电枢磁场在空间总是静止的。两极电机的电枢电流方向和电枢磁场分布情况如图 1-30 所示。

电枢磁通的方向与电枢导体电流方向间符合右手螺旋定则，这时电枢可以看成一个电磁铁，它的 N 极和 S 极位于电刷轴线上，因此电枢磁场的轴线为电刷轴线。与主极磁场轴线在空间垂直的称为交轴电枢磁场。主极磁场轴线称为 d 轴，电枢磁场轴线称为 q 轴。

电枢磁势在空间分布情况可应用全电流定律进行分析。将图 1-30 展开成图 1-31，图 1-31（a）表示电枢电流和磁通的分布。由图可见，电枢支路的中点对应在主极轴线上，电枢磁通环绕支路中点向两边对称分布。以支路中点为基准，任取一磁通管，通过磁通管所形成的回路磁势 F_a 等于此回路中所包含的全电流。因此，对应主极中心点，回路磁势为零；而通过电刷轴线的回路磁势最大。假定电枢表面导体均匀而又连续分布，则电枢磁势的分布为一三角形，如图 1-31（b）所示。

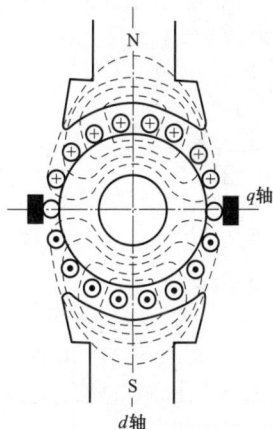

图 1-30　两极电机的电枢电流
方向和电枢磁场分布情况

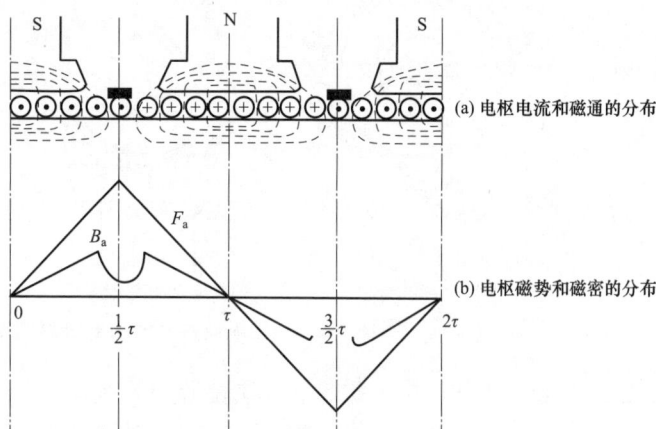

图 1-31　电枢磁势和磁密的分布

三角形分布的电枢磁势将产生怎样的磁密分布呢？由图 1-31（a）可见，每一电枢磁通都经过电枢铁心、气隙和主极铁心形成闭合回路，由于铁磁物质的磁阻相对空气磁阻数值很小，所以，上述闭合磁路中的磁势全部降在两个气隙上。因此，电枢磁势产生磁场的磁通密度 B_a 为：

$$B_a = \mu_0 \frac{F_a}{\delta} \tag{1-14}$$

式中：μ_0——空气的磁导率；

　　　δ——有效气隙长度。

在磁极下面，气隙的长度基本不变，可以认为 B_a 随 F_a 的增加而增加；但在极间区域，由于空气隙变得很大，虽然 F_a 继续增加，但 B_a 反而减少，所以 B_a 的分布曲线为马鞍形，如图 1-31（b）所示。

综上所述，当电刷在几何中心线上时，电枢磁场有以下特点：

（1）在空间静止不动；

（2）电枢磁场轴线与主极磁场轴线垂直，为交轴电枢磁场；

（3）电枢磁密 B_a 在空间分布呈马鞍形。

2）电刷偏离几何中心线

图 1-32（a）所示为电刷偏离几何中心线时的电枢磁场，电刷偏离几何中心线相当于电刷在电枢表面移动一段距离 b。由于电枢导体中电流的分布仍以电刷为界，故电枢磁势的轴线也将随之移动，此时电枢磁场轴线和主极磁场中心线不再是垂直关系。为研究方便，将电枢磁势分为两部分：一部分由 $\tau - 2b$ 范围内的电枢导体电流形成，如图 1-32（b）所示，这部分磁势与主极磁势轴线在空间垂直，称为交轴电枢磁势 F_{aq}；另一部分由 $2b$ 范围内的电枢导体电流形成，如图 1-32（c）所示，这部分磁势与主极磁势的轴线重合，称为直轴电枢磁势 F_{ad}。

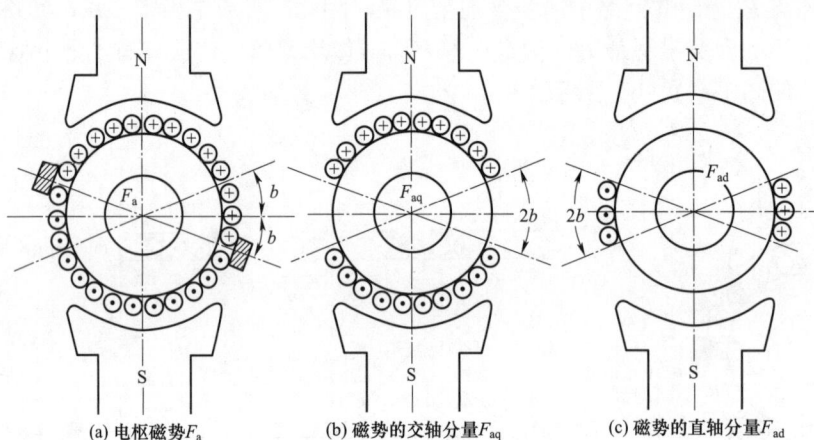

图 1-32　电刷偏离几何中心线时的电枢磁场

由上述分析可知，电枢磁势和电刷位置的关系是：电刷在几何中心线上时，只有交轴电枢磁势；电刷不在几何中心线上时，除交轴电枢磁势外，还有直轴电枢磁势。

4. 电枢反应

电机负载运行时，电枢磁场对主极磁场的影响称为电枢反应。交轴电枢磁势对主极磁场的影响称为交轴电枢反应；直轴电枢磁势对主极磁场的影响称为直轴电枢反应。

1）交轴电枢反应

在一般情况下，电刷总是位于几何中心线上，电枢磁势全部为交轴电枢磁势，只有交轴电枢反应，此时电机的磁场由主极磁势建立的磁场和电枢磁势建立的磁场叠加而成。

图 1-33（b）中 B_0 表示电机空载时主磁场沿电枢表面的分布曲线（梯形），图 1-33（c）中 B_a 表示电机负载时由交轴电枢磁势单独建立的电枢磁场沿电枢表面的分布曲线（马鞍形）。当电机磁路不饱和时，磁路磁阻为常值，将 B_0 和 B_a 相加，即可得到负载后合成磁场沿电枢表面分布曲线 B_δ，如图 1-33（c）中实线所示。实际上电机的磁路往往是饱和的，由于合成

磁通在增加的那一半极面中饱和程度的增加，使该部分的磁阻增多，磁密减少，如图 1-33（c）中虚线所示。

综上所述，交轴电枢反应的影响如下。

（1）气隙磁场发生畸变。每个主极下的磁场，一半被削弱，另一半被加强，使气隙磁密分布曲线由平顶形变成尖顶形。

（2）气隙磁场畸变后，会使电枢绕组一条支路中各串联线圈间电势分布不均匀。如图 1-34所示，在极尖处的磁密大大增加，线圈处在这个部位时，感应电势很大，使所接两个换向片间电压很大，可能超过换向片间的安全电压，产生火花或电弧，使电机损坏。

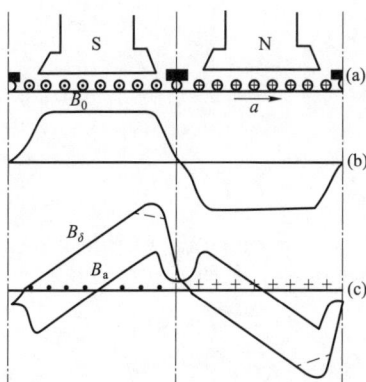

图 1-33 直流电机负载时的合成磁势   图 1-34 电枢反应使换向片间电压增大

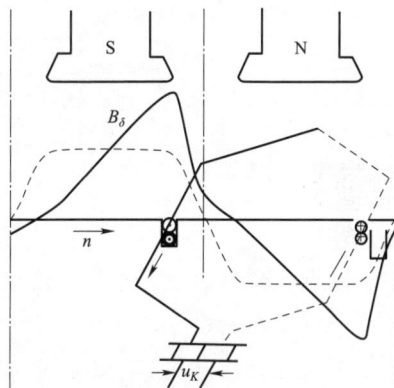

（3）每级磁通减少和气隙平均磁密下降。在磁路不饱和时，因主磁场被削弱的数量等于被加强的数量，所以气隙磁通量和平均气隙磁密没有变化。实际上，由于磁路饱和的影响，一半极面下磁通增加的量小于另一半极面下磁通减少的量，因此负载时的每极磁通量比空载时每极磁通量有所减少，则平均磁密有所下降。即交轴电枢磁场对主极磁场起去磁作用，这种去磁作用是通过磁路饱和作用而产生的。

2）直轴电枢反应

电刷不在几何中心线上时，电枢磁势中包含有交轴和直轴电枢磁势 F_{ad} 两个分量，将同时出现交轴电枢反应和直轴电枢反应。直轴电枢磁势与主极轴线重合，若 F_{ad} 与主极磁势方向相同，起增磁作用，增磁作用将引起电机换向恶化。若 F_{ad} 与主极磁势方向相反，起去磁作用，去磁作用使电机的每极磁通量下降，导致电枢电势降低。

学习工作单与考核表

任　　务	直流电机的磁场		
学习小组		姓名	
学习工作任务	学习工作任务完成评价		
工作任务 1：掌握直流电机的励磁方式	自我评价	小组评价	教师评价

续表

学习工作任务	学习工作任务完成评价		
工作任务 2：了解直流电机的磁场分布	自我评价	小组评价	教师评价
工作任务 3：掌握电枢反应的概念	自我评价	小组评价	教师评价

➜ 自测题

1. 填空题

（1）直流电机的励磁方式是指直流电机励磁绕组和（　　）之间的连接方式。

（2）直流电机的励磁方式可分为（　　）、并励、（　　）、复励 4 类。

（3）主磁通磁路的空气隙较小，磁阻（　　）。

（4）电机负载运行时，电枢磁场对主极磁场的影响称为（　　）。

（5）直流电机电枢磁密在空间分布呈（　　）形。

2. 简答题

（1）绘制他励、并励、串励、复励电机的接线示意图。

（2）交轴电枢反应的影响有哪些？

任务 1.5　直流牵引电动机特性分析

➜ 布置任务

1. 了解直流电机的感应电动势与电磁转矩
2. 了解直流电机的基本方程
3. 分析直流电机的基本特性

➜ 相关资料

1. 直流电机的感应电势

直流电机的感应电势是指电机正负电刷间的电势。当电机的气隙中有磁场存在，且电枢旋转使电枢导体切割磁力线时，在电枢绕组中会产生感应电势。感应电势的大小，不仅取决于磁通量的大小和转速的高低，还和绕组的导体数和连接方法有关。电枢绕组由 $2a$ 条并联支路组成，电刷间电势即为一支路电势，而支路电势等于支路中各串联导体的感应电势之和，不同的绕组形式，其连接方式不同，支路数和串联导体数均不同，则感应电势大小也不同。

设电枢绕组线圈数为 S，一个线圈的匝数为 N_a，则电枢导体总数 N 为：

$$N = 2SN_a$$

每一支路中串联的导体数为 $\dfrac{N}{2a}$。

电机空载运行时，支路内各导体在气隙磁场中的位置如图 1-35 所示。由图可见，电枢表面各点的磁密不相等，则各导体中感应电势的数值也不相等，使电枢电势公式的推导变得复杂，为此引入磁密和导体感应电势的平均值 B_{av} 和 e_{av} 进行分析。

主极极距为 τ，导体在磁场中轴向有效长度为 L，每极磁通为 Φ，则平均气隙磁密为：

$$B_{av} = \frac{\Phi}{L\tau} \tag{1-15}$$

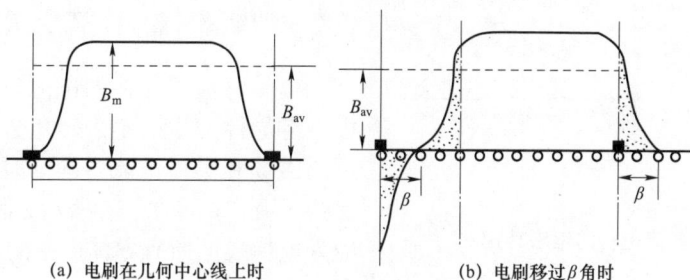

(a) 电刷在几何中心线上时　　(b) 电刷移过 β 角时

图 1-35　支路内各导体在气隙磁场中的位置

导体的平均电势为：

$$e_{av} = B_{av}Lv \tag{1-16}$$

式中：v——电枢表面线速度。

若电机转速为 n，电枢直径为 D_a，主极数为 $2p$，电枢表面周长 $\pi D_a = 2p\tau$，则：$v = \dfrac{2p\tau n}{60}$。

因此，支路电势即电机的感应电势为：

$$E_a = \frac{N}{2a}e_{av} = \frac{N}{2a} \cdot \frac{\Phi}{\tau L} \cdot L \cdot \frac{2p\tau n}{60} = \frac{pN}{60a} \cdot \Phi \cdot n = C_e\Phi n \tag{1-17}$$

式中：Φ——每极磁通，Wb；

　　　n——电机转速，r/min；

　　　C_e——电极电势常数，$C_e = \dfrac{pN}{60a}$。

对于给定的电机，p、N、a 均为定值，所以 C_e 是一个常数。

通过以上分析可知：

（1）直流电机的感应电势，指电枢表面圆周上固定位置（电刷间）的电枢线圈中感应电势之和，仅与电刷间磁通的大小，电枢转速及电机的结构有关。对于已给定的电机，C_e 为常数，则感应电势 E_a 的大小随着磁通量和转速的变化而不同。

（2）感应电势的大小，仅和磁通量的大小有关，而和磁密的分布无关。分布形状改变，使每一导体的感应电势大小发生变化，只要保持总磁通量不变，电刷间的电势不变。计算空

25

载或负载电势时，要分别代入空载或负载时的磁通值。当励磁绕组中无电流时，气隙磁场由主极剩磁产生，将剩磁磁通量代入公式可求出电机的剩磁电势。

（3）公式是在整距绕组时导出的，若为短距绕组，在线圈的两边都处在同一磁极下的瞬间，两线圈边中感应电势方向相反，互相抵消，使感应电势减少。

（4）如电刷偏离几何中心线时，则电刷间所包含的总磁通量有所减少，如图1-35（b）所示，感应电势相应减少。

2. 直流电机的电磁转矩

电枢绕组通过电流时，在磁场中将受到电磁力的作用，电磁力在电枢轴上产生的转矩称电磁转矩。电磁转矩的大小，可根据电磁力定律求得。

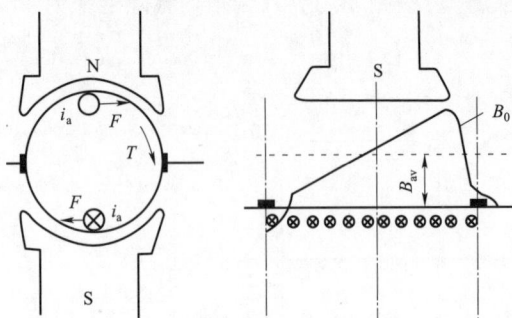

图1-36 直流电机的电磁转矩

电枢绕组的支路电流为 i_a 时，作用在任一根导体上的平均电磁力 f_{av} 为：$f_{av} = B_{av}Li_a$，导体产生的电磁转矩为：$T_{av} = f_{av}\dfrac{D_a}{2}$。

由于每极下导体的电流方向相同，故同一极下各导体产生的电磁转矩方向相同，相邻极下的磁场和导体电流方向同时相反，转矩方向保持不变，如图1-36所示。因此，电磁转矩 T 应为电枢表面所有导体产生的 f_{av} 之和，即：

$$T = f_{av}\frac{D_a}{2}N = B_{av} \cdot L \cdot i_a \cdot \frac{D_a}{2} \cdot N = \frac{\Phi}{\tau L} \cdot L \cdot \frac{I_a}{2a} \cdot \frac{p\tau}{\pi} \cdot N = \frac{pN}{2\pi a} \cdot \Phi \cdot I_a = C_T \Phi I_a \quad (1-18)$$

式中：I_a——电枢电流，A。

$$I_a = 2ai_a ; \quad C_T = \frac{pN}{2\pi a} 。$$

对于已制成的电机，p、N、a 均为定值，所以，C_T 也是一个常数。感应电势 $E_a = C_e \Phi n$ 和电磁转矩 $T = C_T \Phi I_a$ 是关于直流电机的两个重要公式。对于同一台直流电机，电势常数 C_e 和转矩常数 C_T 有一定的关系。

因为 $C_e = \dfrac{pN}{60a}, C_T = \dfrac{pN}{2\pi a}$

所以 $C_T = \dfrac{60}{2\pi} \cdot \dfrac{pN}{60a} \approx 9.55 C_e$

3. 直流电机的基本方程

从直流电机可逆原理可知，无论是发电机还是电动机，在实现能量转换的过程中，都伴有感应电势、电流、电磁转矩产生。电机稳态运行时，即电机的负载、励磁电流，以及转速达到稳定值时，各种电压、转矩和功率之间存在的平衡关系，称为电机的平衡方程式。这些平衡关系应分别符合电学、力学及能量守恒定律。

1）电势平衡方程式

无论是发电机还是电动机，当电枢旋转时，电枢绕组切割磁力线都产生感应电势，其大小为 $E_a = C_e \Phi n$，方向可用右手定则判定。在发电机里，电枢绕组接负载后，感应电势驱动电流流动，所以电枢电流与感应电势同方向，如图1-37所示；在电动机里，电枢绕组经电刷接外电源，外加电压是驱动电流流动的原因，所以电枢电流与电源电压同方向，此时，感应电势与电枢电流方向相反，称为反电势，如图 1-38 所示。

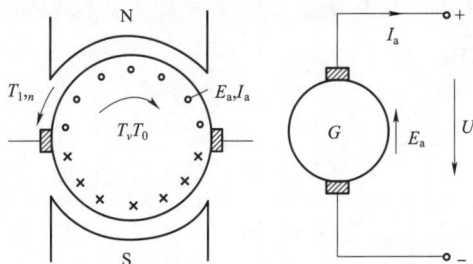

图 1-37　直流发电机的电势、转矩平衡关系　　图 1-38　直流电动机的电势、转矩平衡关系

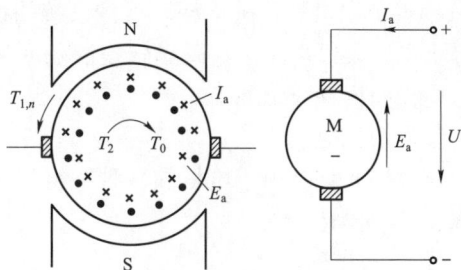

设 U 为直流电机的端电压，取 U、E_a、I_a 的实际方向作为正方向，可得电枢回路的电势平衡方程式为：

发电机　　　　　　　　　　　　　$U = E_a - I_a R_a$　　　　　　　　　　　　　（1-19）

电动机　　　　　　　　　　　　　$U = E_a + I_a R_a$　　　　　　　　　　　　　（1-20）

式中：R_a——电枢回路总电阻，包括电枢回路中各串联绕组的电阻和电刷与换向器之间的接触电阻。

适用于各种励磁方式的直流电机，在计算时，要注意各种励磁方式中 R_a 所包含的内容不完全相同。

以上两式表明，直流发电机和电动机在运行时都存在电枢电势 E_a 和端电压 U，在发电机中，$E_a > U$，电枢电流 I_a 的方向与 E_a 的方向一致；在电动机中，$U > E_a$，电枢电流 I 的方向与 U 的方向一致，E_a 表现为反电势。

2）转矩平衡方程

无论是发电机还是电动机，当电枢绕组有电流流过时，电枢电流和磁场相互作用都产生电磁转矩，其大小为 $T = C_T \Phi I_a$，方向可用左手定则判定。在发电机里，外加转矩 T_1 为驱动转矩使电枢旋转，电磁转矩 T 与 T_1 转向相反为阻力转矩，同时还存在电机的空载阻力转矩 T_0。在电动机里，电磁转矩 T 使电枢转动为驱动转矩，与电动机转向相同，此时轴上的负载转矩 T_2 和 T_1 均为阻力转矩。

电机的转速恒定时，加在电机轴上的驱动转矩应与阻力转矩相等，所得转矩平衡方程式为：

发电机　　　　　　　　　　　　　$T_1 = T + T_0$　　　　　　　　　　　　　（1-21）

电动机　　　　　　　　　　　　　$T = T_2 + T_0$　　　　　　　　　　　　　（1-22）

以上两式表明，在电机稳定运行时，电磁转矩和外加转矩同时存在并达到平衡。在发电机里，$T_1 > T$，作为驱动转矩的是外加转矩 T_1，电机的转向取决于 T_1 的方向，电磁转矩是阻力转矩，起平衡外加转矩的作用；在电动机里，$T > T_2$，作为驱动转矩的是电磁转矩 T，电机的转向取决于 T 的方向，电磁转矩带动负载转动而达到平衡。

3）功率平衡方程

电机是实现机电能量转换的装置，因而功率关系是电机运行中最基本的关系。电机运行过程中，存在输入功率、输出功率和各种损耗，它们之间应满足能量守恒定律。若将电机进行能量转换过程中的各种损耗抽出，则可用一耦合磁场来表述电机。机械系统为原动机或机械负载，电系统为电源或电负载，耦合磁场产生 T 和 E_a，以实现能量的转换。P_{Cu}、P_{Fe}、P_{Ω}、P_S 分别表示电机的各种损耗。机械系统的机械功率等于转矩乘以旋转角速度；电系统的电功率等于电压乘以电流；经磁场转换的功率称为电磁功率。

电机的损耗介绍如下。

（1）铜耗 P_{Cu}。

铜（损）耗是由于电机的各种绕组中流过电流而产生的电阻损耗，铜耗随负载而变化，又称为可变损耗。

（2）铁耗 P_{Fe}。

由于铁心中的磁滞、涡流而产生的损耗。

（3）机械损耗 P_{Ω}。

由于各种机械摩擦、通风而产生的损耗。

铁耗和机械损耗在电机空载时就存在，其大小与电机负载无关，合称为空载损耗（又称不变损耗），用 P_0 表示，即：

$$P_0 = P_{Fe} + P_{\Omega} \tag{1-23}$$

（4）附加损耗 P_S。

产生附加损耗的原因很多，诸如：电枢反应使气隙磁场畸变而引起铁耗的增加；电枢表面电流分布不均而引起铜耗的增加；均压电流造成的损耗等。P_S 中一部分空载时已存在，另一部分随负载而变化。附加损耗一般不易计算，可估计为电机输出功率的 $0.5\% \sim 1\%$。

综上所述，电机的总损耗 $\sum P$ 为：

$$\sum P = P_{Cu} + P_{Fe} + P_S + P_{\Omega} \tag{1-24}$$

4. 转速特性 $n = f(I_a)$

直流电动机的转速与电枢电流的变化关系可根据直流电动机电势平衡方程式求得，即：

$$U = E_a + I_a R_a = C_e \Phi n + I_a R_a \tag{1-25}$$

式中：U——加在电动机上的端电压，V；

$\quad I_a$——电枢电流，A；

$\quad R_a$——电枢回路电阻，Ω；

$\quad \Phi$——每极磁通，Wb；

$\quad C_e$——电机常数。

对于已制成的电机常数 C_e，其值为：

$$C_e = \frac{pN}{60a \times 10^6} \tag{1-26}$$

式中：p——磁极对数；

$\quad N$——电枢绕组的总导体数；

$\quad a$——电枢绕组的并联支路对数。

由式（1-25）可解得：

$$n = \frac{U_N - I_a R_a}{C_e \Phi} \tag{1-27}$$

可以看出，当 U 和励磁电流 I_f 都为常值时，影响电动机转速的因素有两个：一是电枢回路电阻压降 $I_a R_a$ 的变化；二是磁通 Φ 的变化。直流牵引电动机的转速特性如图 1-39 所示。

并励电动机，空载时 $P_2 = 0$，$I_a \approx 0$，此时转速为空载转速 $n_0 = \dfrac{U_N}{C_e \Phi}$。随着 I_a 的增加，电阻压降增加，使转速趋于下降；电枢反应的去磁作用使磁通略微减少，又使转速趋于上升。由于两种因素对转速的影响部分地互相抵消，所以电动机转速变化很小。转速特性可能是略为下垂，也可能是略微上翘。实践中，为保证电动机稳定运行，常使并励电动机具有略微下降的转速特性（见图 1-39 曲线 1）。

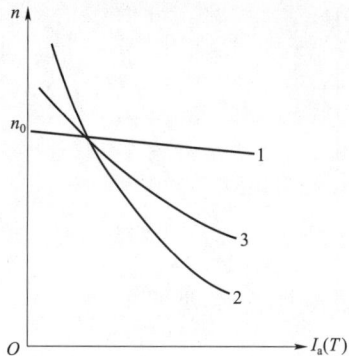

1—并（他）励；2—串励；3—积复励。

图 1-39　直流牵引电动机的转速特性

空载转速 n_0 与额定转速 n_N 之差，用额定转速 n_N 的百分数表示，称为电动机的转速变化率 Δn，即：

$$\Delta n = \frac{n_0 - n_N}{n_N} \times 100\% \qquad (1-28)$$

并励电动机在负载变化时转速变化很小，其转速变化率只有 2%～8%，所以其基本上是一种恒速电动机。

对于串励电动机，当 I_a 增加时，一方面 $I_a R_a$ 增大，另一方面由于 $I_a = I_f$，使磁通 Φ 亦增大。这两方面的作用都可使转速降低，因此转速随电枢电流的增加而迅速下降（见图 1-39 曲线 2）。如果负载很轻，I_a 和 Φ 都很小，电机转速很高。空载时 $\Phi \approx 0$，理论上电动机的转速将趋于无穷大，实际上可达 $(5 \sim 6) n_N$。这样高的转速会使转子损坏，因此串励电动机不允许在空载或很轻的负载下运行，也不允许使用皮带、链条传动，以免皮带或链条滑脱时，成为空载。由于串励电动机不允许空载运行，其转速变化率定义为：

$$\Delta n = \frac{n_{1/4} - n_N}{n_N} \times 100\% \qquad (1-29)$$

式中：$n_{1/4}$——$P_2 = \dfrac{1}{4} P_N$ 时，电动机转速。

复励电动机具有并励和串励两套绕组，通常接成积复励。两套绕组的磁势比例不同，可得到不同的特性。在设计时，可以灵活地安排它的两种励磁成分，使其特性介于并励和串励电动机特性之间（见图 1-39 曲线 3）。

5. 转矩特性 $T = f(I_a)$

转矩特性的关系可由转矩平衡方程式推出，当忽略空载转矩后，电动机输出的转矩等于电磁转矩，故转矩特性可以直接由电磁转矩公式求出，即：

$$T = C_T \Phi I_a \qquad (1-30)$$

式中：C_T——转矩常数，$C_T = \dfrac{pN}{2\pi a}$。

各种励磁方式电动机的转矩特性如图 1-40 所示。

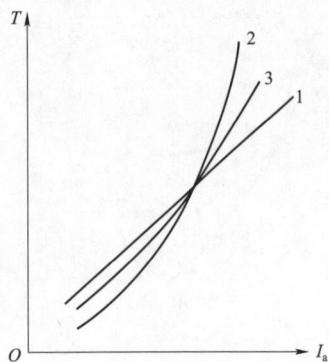

1—并（他）励电动机；2—串励电动机；
3—积复励电动机。

**图1-40　各种励磁方式电动机的
转矩特性**

并励电动机，磁通不随电枢电流变化，转矩与电枢电流成正比，$T=f(I_a)$ 为一直线，如图1-40曲线1所示。实际上，由于电枢反应的去磁作用，使电动机的转矩在电枢电流较大时，稍有下降。对于串励电动机，在轻载时磁路不饱和，可以认为 $\varPhi \propto I_a$，则 $T=C_T\varPhi I_a \propto I_a^2$，所以 $T=C_T\varPhi I_a$ 是一条抛物线，如图1-40曲线2所示。当负载增加时，随着电枢电流的增大，磁路逐渐饱和，磁通基本不变，$T=C_T\varPhi I_a$ 是一条直线。积复励电动机转矩特性介于并励和串励电动机之间，如图1-40曲线3所示。

6. 串励和并励牵引电动机的特性比较

1）自调节性能

如图1-39所示，并励牵引电动机转速随着负载的增加下降很小，而串励牵引电动机转速却随着负载的增加下降很多。因此，串励牵引电动机的牵引力和速度能够按照机车运行条件自动进行调节，在重载或上坡时，随着机车速度的降低，串励牵引电动机的转矩自动增大，使机车发挥较大的牵引力；在轻载或平道运行时，机车牵引力减小，使机车具有较高的速度，即串励牵引电动机自调节性能好。

2）功率的利用

图1-41显示了串励和并励牵引电动机的功率利用。设两种电机具有相同的额定牵引力和额定速度（a点），当牵引力从 F_K 变化到 F_1 时，串励牵引电动机的工作点由 a 点变化到 b 点，并励牵引电动机的工作点由 a 点变化到 c 点。牵引电动机的功率是牵引力和速度的乘积，即 $p=F_K v_K$。两种电机相比，并励牵引电动机在牵引力 F_K 变化时，由于速度 v_K 变化小，所以功率变化较大，因此，并励牵引电动机的功率利用不好。串励牵引电动机由于其速度 v_K 随牵引力 F_K 的增大而降低较多，若在同样的牵引力 F_K 变化下，它的功率变化比并励牵引电动机小，接近于恒功率运行。因此，串励牵引电动机的功率利用较好，

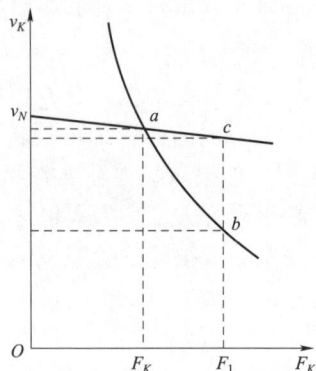

**图1-41　串励和并励牵引
电动机的功率利用**

能在各种运行条件下充分发挥机车的功率，同时能合理地利用机车上与牵引功率有关的各种电气设备的容量。

3）牵引电动机之间的负载分配

机车运行时，有几台牵引电动机并联运行，为了能充分利用机车功率，要求各牵引电动机的负载分配要均匀，但是，由于各牵引电动机的特性有差异，以及机车动轮直径不完全相同等原因，实际上各牵引电动机负载分配是不均匀的。

图1-42所示为牵引电动机特性有差异时的负载分配。从图中可以看出两台特性稍有差异的串励（或并励）牵引电动机，装在一台机车上并联运行时，即使动轮直径相同，电机转速相同，电动机的负载电流 I_1 和转矩均有差别。由图1-42（a）可以看出，串励牵引电动机具有较软的特性，在同一运行速度下的负载电流 I_1 和 I_2 差值比较小。并励牵引电动机特性较硬，如图1-42（b）所示，负载电流 I_1 和 I_2 差值要比串励牵引电动机大得多。

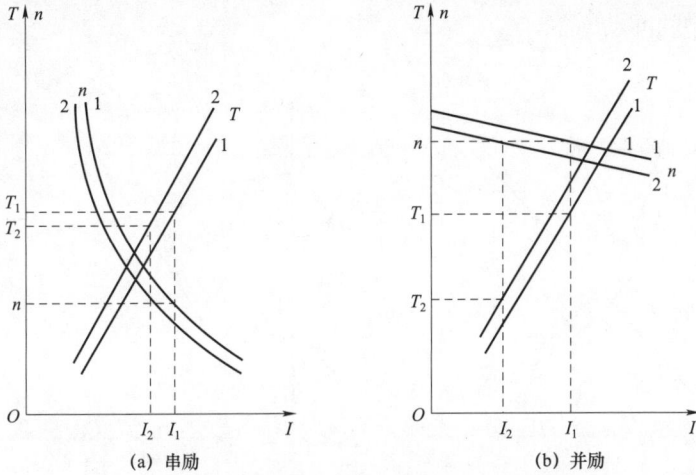

图 1-42 牵引电动机特性有差异时的负载分配

　　如果两台牵引电动机的特性完全相同，而各自驱动的动轮直径稍有不同，机车运行时两台电动机的转速将产生差异，图 1-43 所示为动轮直径有差异时牵引电动机的负载分配。设一台电动机转速为 n_1，另一台电动机转速为 n_2，由相同转速差异引起的负载电流 I_1 和 I_2 的差值，串励牵引电动机比并励牵引电动机小。

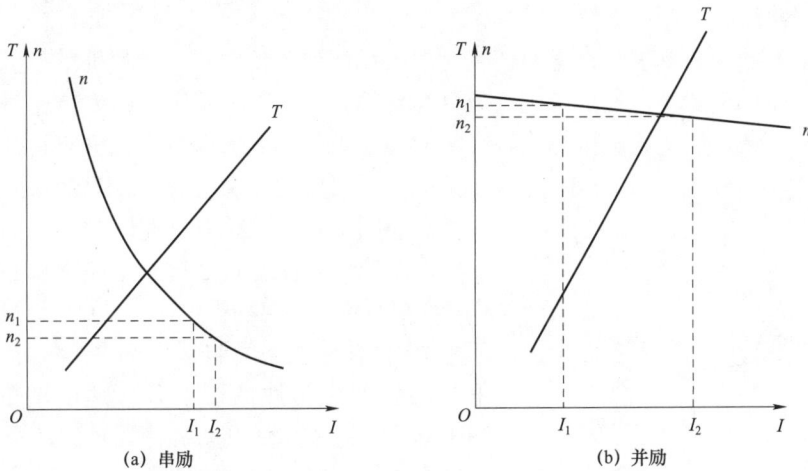

图 1-43 动轮直径有差异时牵引电动机的负载分配

　　4）电压波动对牵引电动机工作的影响

　　机车运行时，接触网网压会经常发生波动，当电压突然变化时，由于列车的机械惯性，机车的速度来不及变化，牵引电动机就可能承受较大电流和牵引力的冲击。图 1-44 所示为串励和并励牵引电动机在电压突然增加时产生的电流和牵引力变化情况。设电动机变化前电压为 U_1，相应的速度特性为 $v_1 = f(I)$，变化后电压为 U_2，相应的速度特性为 $v_2 = f(I)$。由图 1-44 可见，当电网电压从 U_1 突变为 U_2 时，电动机的转速来不及变化，其工作点从 $v_1 = f(I)$ 曲线跃变到 $v_2 = f(I)$ 曲线上，其电流和牵引力都将产生相应的变化。并励电动机由于特性较硬，电流和牵引力的冲击都比串励电动机大得多，这将使牵引电动机工作条件恶化，并引起列车运行中的冲动。

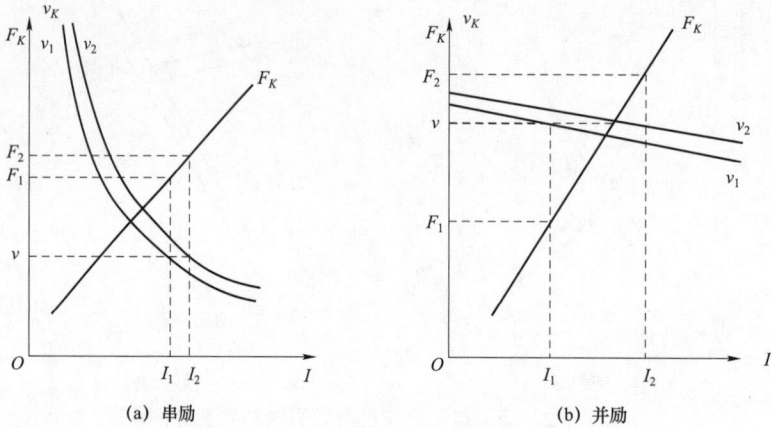

(a) 串励   (b) 并励

图 1-44 串励和并励牵引电动机在电压突然增加时产生的电流和牵引力变化情况

另外，当牵引电动机的外加电压突然增加时，并励电动机由于励磁线圈匝数较多，因此电动机励磁回路电流增长速度要比电枢电路电流增长速度慢得多，电枢反电势不能及时增加，在过渡过程开始阶段，会造成电枢电流冲击过大。而串励电动机励磁绕组与电枢绕组串联，电流增长速度相同，引起的电流冲击比并励电动机小得多。

5）防空转性能

机车在重载起动或爬坡时，常会发生黏着破坏而使动轮空转，导致机车牵引力下降。空转时，动轮转速迅速上升，使机车走行部分受到损坏，影响使用寿命；如转速超过牵引电动机最大转速时，还可能造成电机环火等严重故障。因此，要求牵引电动机应具有良好的防空转性能，当出现动轮空转时，轮对牵引力应随着转速的增高急剧下降，使黏着迅速恢复。

图 1-45 中曲线 1、2 分别为串励和并励牵引电动机的牵引特性，设电动机工作在 a 点，速度为 n_0，由于某种原因，使轮轨之间的黏着条件破坏而发生空转时，电动机转速沿特性曲线上升，速度增量为 Δn。由图 1-45 可见，并励电动机特性较硬，牵引力随转速上升而大幅下降，轮周牵引力很快低于黏着牵引力，使黏着迅速恢复；而串励牵引电动机特性较软，牵引力下降很小，转速将继续上升，黏着不易恢复，形成空转。

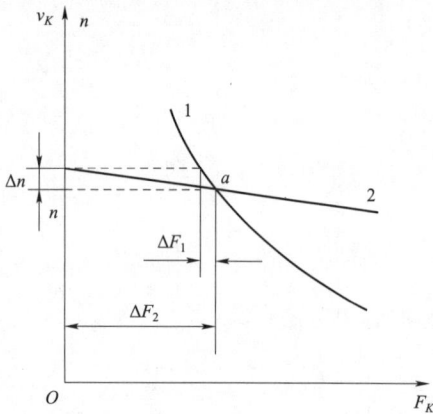

1—串励；2—并励。

图 1-45 牵引电动机防空转性能

综上所述，作为机车的牵引动力，串励牵引电动机具有自调节性能较好，功率利用较好，并联工作时负载分配较均匀，受电网电压波动影响较小等优点，因此被广泛地应用于电力机车上。但是，机车上采用串励牵引电动机也存在缺点，主要表现在：① 个别传动时，容易发生空转；② 电气制动时，由于串励发电机特性不稳定，需要将励磁绕组改接为他励。

一般情况下机车牵引车辆的整个过程是由停车状态开始，经过起动、加速再逐渐提高速度，直到机车工作在其自然特性上，此后司机根据列车运行图的要求及线路纵断面的变化随时进行速度调节。进站停车前进行制动，降低机车速度，直至最后停车。列车的整个运行过程中，情况虽然很复杂，但概括起来，只存在起动、调速、制动三种基本的运行状态。这三种基本运行状态，其实质都是速度的调节，只是起动和制动是调速的两种特殊形式而已。因此，电力机车速度调节是牵引列车运行时最为根本的任务之一，也是完成运输任务的主要手段之一。

电力机车是以牵引电动机作为传动设备的，所以电力机车的调速本质上是牵引电动机的调速。

学习工作单与考核表

任　　务	直流牵引电动机特性分析		
学习小组		姓名	
学习工作任务	学习工作任务完成评价		
工作任务 1：了解直流电机的感应电动势与电磁转矩	自我评价	小组评价	教师评价
工作任务 2：了解直流电机的基本方程	自我评价	小组评价	教师评价
工作任务 3：分析直流电机的基本特性	自我评价	小组评价	教师评价

→ 自测题

1. 填空题

（1）直流电机的感应电势是指电机（　　　）间的电势。

（2）直流电机的感应电势的大小随着磁通量和（　　　）的变化而不同。

（3）直流电机感应电势的大小，仅和（　　　）的大小有关，而和磁密的分布无关。

（4）电枢绕组通过电流时，在磁场中将受到电磁力的作用，电磁力在电枢轴上产生的转矩称（　　　）转矩。

（5）在电动机中，感应电动势的方向与端电压方向（　　　），称为反电势。

（6）并励牵引电动机转速随着负载的增加下降（　　　），串励牵引电动机转速随着负载的增加下降很多。

（7）（　　　）牵引电动机具有自调节性能较好，功率利用较好，并联工作时负载分配较均匀，受电网电压波动影响较小等优点。

2. 简答题

（1）简述串励和并励牵引电动机特性的不同。

（2）绘制并励、串励、积复励直流牵引电动机的转速特性曲线。

任务 1.6 直流牵引电动机的起动、反转、调速、制动

➔ 布置任务

1. 掌握直流牵引电动机的起动方法
2. 掌握改变直流牵引电动机转向的方法
3. 掌握直流牵引电动机的调速的方法
4. 掌握直流牵引电动机的制动方法

➔ 相关资料

1. 对起动的要求

按照《铁路技术管理规程》的规定，对机车起动的基本要求是：起动稳、加速快，防止列车冲动和断钩。机车加速快可以减少起动时间，提高平均运行速度，对铁路运输有很大的意义。为了使机车起动加速快，就要求机车有较大的起动电流，以产生较大的起动牵引力。

机车起动平稳可以使机车内部设备免受电流冲击，机车和列车免受机械冲击，所以列车速度变化应尽量平稳。为此，要求机车起动时尽量减少起动电流和起动牵引力的摆动。起车前压好钩，待列车缓解后，调速手轮逐渐给至3~4位，全列起动后，再将手轮移至理想位置。

起动电流和起动牵引力过大时，会使电机安全换向遭到破坏，或牵引力超出线路黏着条件，使轮对发生空转，结果反而丧失了牵引力。不同形式的电力机车，起动时所受限制因素的主次是不同的。对于直流电力机车和整流器电力机车，由于牵引电动机制造技术的不断发展和完善，已能保证在黏着条件许可范围内牵引电动机有良好的换向，其主要限制条件就是线路的黏着条件。

2. 直流牵引电动机的起动

电力机车的起动是机车运行中最先实现的工作状态。电力机车在其起动牵引力作用下，克服列车静止时所受的阻力并产生加速度，最终运行在机车的自然特性上，这一过程称为机车的起动。机车的起动过程，其实质是调速的一种特殊方式。因此，前述的调速基本原理对起动都是适用的。

电动机由静止状态达到正常运转状态的过程称为起动过程。直流电动机在起动过程中不仅转速发生变化，而且转矩、电流等也发生变化。

当忽略电枢绕组电感时，电枢电流 I_a 为：

$$I_a = \frac{U - E_a}{R_a} \tag{1-31}$$

在起动开始瞬间，由于转速 $n=0$，故电枢感应电势 $E_a=0$，此时的电流称起动电流，用 I_{st} 表示：

$$I_{st} = \frac{U}{R_a} \qquad (1-32)$$

由于电枢绕组电阻 R_a 很小，如果直接加额定电压起动，起动电流 I_{st} 很大，可达到额定电流的十几倍。这样大的起动电流将带来以下不良影响：① 使电动机换向恶化，产生严重的火花，导致电刷和换向器表面烧损；② 产生很大的电磁转矩，使传动机构和生产机械受到强烈冲击而损坏；③ 使电网电压波动，影响供电的稳定性。为此，在起动时必须设法限制起动电流 I_{st}。

为限制起动电流，可降低电源电压起动或电枢回路串电阻起动，这是通常采用的两种起动方法。

1）降低电源电压起动（降压起动）

在起动瞬间，给电动机加较低的直流电压，随着电动机转速的升高，电枢 E_a 电势逐渐增加，同时端电压 U 也人为地不断增加，U 与 E_a 的差值使起动过程中电枢电流保持在允许范围内，直到电动机端电压上升到额定值，电动机起动完毕。采用降低电源电压的方法起动并励电动机时必须注意：起动时必须加上额定励磁电压，使磁通一开始就有额定值，否则电动机起动电流虽然比较大，但起动转矩却较小，电动机仍无法起动。

降压起动的优点是在起动过程中无电阻损耗，并可达到平稳升速，但需要专用电源设备，多用于要求经常起动的大中型直流电动机。在采用直流电动机作为牵引动力的机车上，电源由专门的发电机或变压器供给，通过调节发电机的励磁和变压器的抽头很容易改变其输出电压。因此，降压起动广泛应用于电力机车和内燃机车中。

2）电枢回路串电阻起动（变阻起动）

直流电动机在电枢回路串入适当的起动电阻 R_{st}，以把起动电流入限制在 $(1.5\sim2.5)\,I_N$ 的范围内为原则来选择起动电阻的大小。在起动过程中，随着转速 n 的升高，电枢电势 E_a 也升高，电枢电流相应地减小。为了保持一定的转矩，应逐渐将起动电阻切除，直到起动电阻全部切除，电动机起动完毕，达到额定转速稳定运行。

变阻起动能有效地限制起动电流，其所需起动设备简单，广泛应用于各种中小型直流牵引电动机，如工矿机车、城市电车上多采用变阻起动，但变阻起动过程中能量消耗大，不适用于经常起动的大中型直流牵引电动机。

3）起动电流和起动牵引力的限制

机车起动时，轮对发生空转前所能发挥的最大牵引力称为起动牵引力 F_{st}。机车牵引力受线路黏着条件的限制，应满足下列条件：

$$F_{st} \leqslant 9.81 P_j u_j g \qquad (1-33)$$

式中：　P_j——机车黏着质量（整备质量），t；

　　　　u_j——机车牵引黏着系数；

　　　　$9.81P_j u_j g$——机车黏着牵引力，kN。

机车黏着系数并不是一个恒定值，它是随着线路条件、轨面情况、机车起动方式等因素而变化的，是一个范围值。因此机车的黏着限制曲线也并非只有一条，而是一个限制带。为使机车起动时有较大的起动牵引力，就应充分利用机车的黏着条件，即机车起动时，起动牵引力尽可能接近黏着限制线。

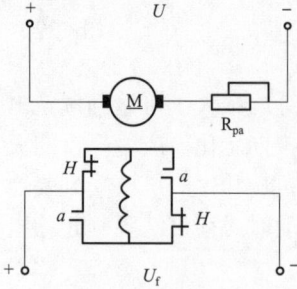

图1-46 励磁绕组反接法

2. 改变直流牵引电动机转向的方法

直流电动机的旋转方向取决于电磁转矩方向,而电磁转矩 $T = C_T \Phi I_a$ 的方向取决于磁通 Φ 与电枢电流 I_a 相互作用的方向,故改变电动机转向的方法有两种:一是改变磁通(即励磁电流)的方向,二是改变电枢电流的方向。若同时改变磁通方向及电枢电流的方向,则直流电动机转向维持不变。牵引电动机常采用励磁绕组反接法,如图1-46所示。

由图1-46可见,利用电器触头 H、a 的闭合与断开将励磁绕组进行反接,改变励磁绕组中电流的方向,即改变了磁通的方向,以达到实现改变直流牵引电动机转向的目的。

3. 直流牵引电动机的调速

在电动机机械负载不变的条件下,用人为方法调节电动机转速叫作调速。

电动机转速为:

$$n = \frac{U - I_a (R_a + R_{pa})}{C_e \Phi} \quad (1-34)$$

式中: R_{pa}——电枢回路串接的电阻。

1)电枢回路串接电阻调速

由式(1-34)可知,影响电动机转速的3个因素是电源电压 U、电枢回路串接的电阻 R_{pa}、气隙主磁通 Φ。只要改变以上3个因素中的任何一个,都能达到调节电动机转速的目的。

图1-47所示为串励电动机电枢串接电阻时的机械特性。在某一负载下,电阻越大,转速越低。

这种调速方法的优点是只需增设电阻和切换开关,设备简单,控制方便。其缺点是能耗较大,经济性差;速度调节是有级的,调速平滑性差。

2)改变电源电压调速

图1-48所示为串励电动机电压降低时的机械特性。在某一负载下,电压越低,转速也越低。为保证电机安全运行,电压只能以额定电压为上限下调,也称降压调速。

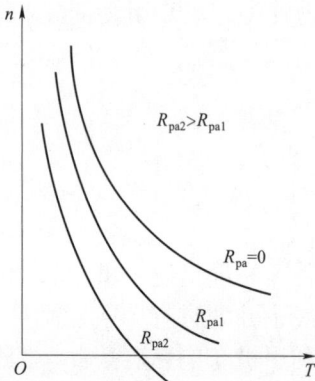

图1-47 串励电动机电枢串接电阻时的机械特性

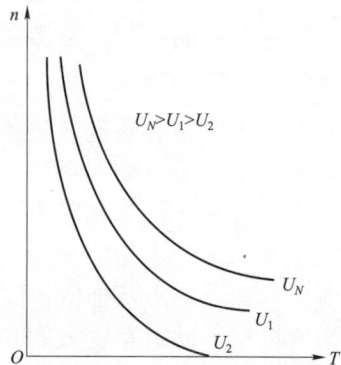

图1-48 串励电动机电压降低时的机械特性

这种调速方法的优点是电源电压如能平滑调节，就可实现无级调速；调速中无附加能量损耗。其缺点是需要专用的调压电源，成本较高；转速只能调低，不能调高。

3）改变主磁通调速

图 1-49 所示为串励电动机磁通减弱时的机械特性。在某一负载下磁通越弱，转速越高。一般电机的额定磁通已设计得使铁心接近饱和，因此，要改变磁通只能在额定磁通下减弱磁通，所以又称为削弱磁场调速。削弱磁场需要在励磁绕组的两端并联电阻，一般电动机励磁功率只有电机容量的 1%～5%，因此用于削弱磁场的并联电阻容量也很小。

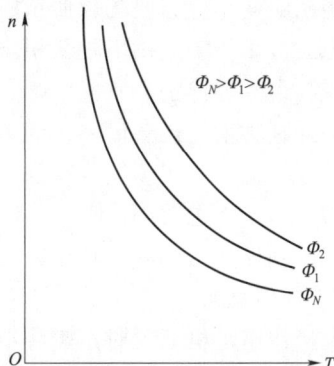

这种调速方法所需设备简单、控制方便、功率损耗小，可以提高电机的转速，是直流牵引电动机常用的调速方法之一。

图 1-49　串励电动机磁通减弱时的机械特性

为扩大调速范围，常将几种方法配合使用。如地铁电动车组，常采用电枢串接电阻和弱磁调速；电力机车和内燃机车，常采用改变电压和弱磁调速。

4. 直流牵引电动机的制动

机车运行过程中，有时需要尽快使牵引电动机停转或从高速运行转换到低速运行；下坡时，需要限制牵引电动机的转速，以控制机车的速度。这就需要在牵引电动机轴上加一个与转向相反的转矩（称制动转矩）来实现，即牵引电动机的制动。

制动转矩是由机械制动闸产生的摩擦转矩，其为机械制动；制动转矩是牵引电动机本身产生的电磁转矩，其为电气制动。直流牵引电动机的电气制动可分为能耗制动和回馈制动两种。

（a）电动机状态　　（b）制动状态

图 1-50　能耗制动时电路原理接线图

1）能耗制动

图 1-50 所示为能耗制动时电路原理接线图。电气制动时，励磁绕组由单独的励磁电源供电，并保持励磁电流方向不变（磁通方向不变），将电枢绕组从电源上断开并立即接到一个制动电阻 R_L 上。这时电枢绕组外加电压 $U=0$，而电机转子靠惯性继续旋转，切割方向未变的磁通，所感应的电势仍存在且方向不变，因此，产生的电枢电流（制动电流）为：

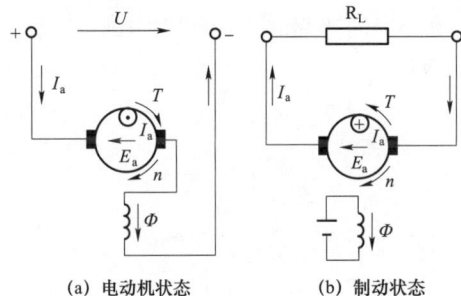

$$I_a = \frac{U - E_a}{R_a + R_L} = \frac{-E_a}{R_a + R_L} = \frac{-C_e \Phi n}{R_a + R_L} \tag{1-35}$$

由式（1-35）可见，电枢电流 I_a 改变了方向，而磁通 Φ 的方向未变，电磁转矩 $T = C_T \Phi I_a$，则改变了方向。因此，T 与 n 的方向相反，T 成为制动转矩，使电机转速很快下降。

在制动过程中，电机靠惯性继续旋转，在磁场不变的情况下，产生感应电势，方向不变并输出电流，变成一台他励发电机，把机车的动能转换成电能，消耗在制动电阻上，故称为能耗制动。

调节制动电阻 R_L 或调节励磁电流改变磁通的大小，都可以改变制动电流的大小，以调节制动转矩的大小。另外，电机的转速越高，制动转矩越大，制动的效果越好；而低速时，制动转矩相应变小，需要配合使用机械制动，使电机迅速停转。

电力机车上多采用串励牵引电动机，在电气制动时，由于串励发电机特性不稳定，需要将励磁绕组改为他励。

能耗制动所需设备简单，成本低，操作方便。不足之处是列车的动能转换为电能后消耗在制动电阻上，变成热能散发到大气中，没有被利用；不易迅速制停，因为当电机转速 n 较小时 E_a 较小，I_a 也较小，使制动转矩相应减小。此时，应采用减小制动电阻 R_L 来增大电枢电流 I_a 以提高低速区的制动转矩。

2）回馈制动

电机作电动机运行时，电源电压 U 大于反电势 E_a，电枢电流方向与 U 同向，电磁转矩方向与转向相同。若保持磁通方向不变，当转速升高到一定数值后，感应电势 E_a 大于电源电压 U，电枢电流方向与 E_a 同方向，电机作发电机运行，电磁转矩与转向相反起制动作用，发电机产生的电能送回到电网，这种制动方法称为回馈制动。

电力机车下坡时，重力加速度的作用使车速增高，牵引电机感应电势 E_a 随之增大，若 $E_a = U$，则 $I_a = 0$，牵引电机就不需要从电网输入电能，电力机车由本身的位能自动滑行并继续加速。转速继续升高，将使 $E_a > U$，则 I_a 反向，牵引电机自动转换为发电机运行状态。此时，电力机车下坡的位能，通过电机转换成电能，回馈给电网。由于电枢电流 I_a 反向，电磁转矩也随之反向，起到制动作用，车速越高，制动转矩越大，如图 1-51 所示。转速增高到一定程度，下坡时的位能产生的动力转矩与牵引电机的制动转矩和摩擦转矩平衡时，电力机车将恒速稳定运行（b 点）。

他励和复励牵引电机回馈制动时，需要保持励磁电流方向不变，电枢回路的接线不变。串励牵引电机进行回馈制动时，由于串励发电机在许可范围内工作不稳定，需要将串励绕组改接为他励，由较低的电压供电以得到所需要的励磁电流。

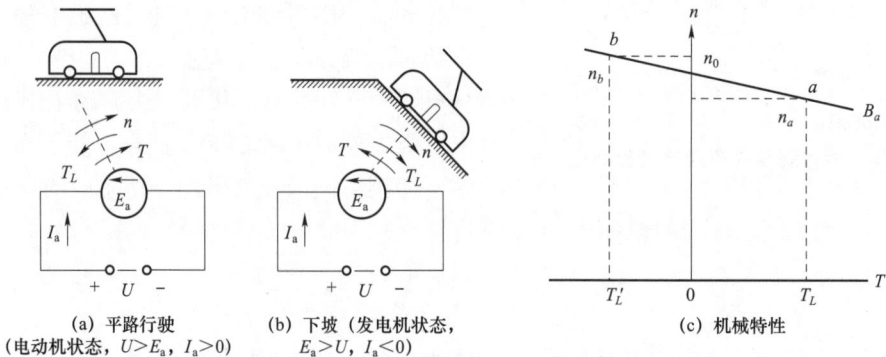

(a) 平路行驶
(电动机状态，$U > E_a$，$I_a > 0$)

(b) 下坡（发电机状态，$E_a > U$，$I_a < 0$)

(c) 机械特性

图 1-51　电力机车下坡时的回馈制动

学习工作单与考核表

任　务	直流牵引电动机的起动、反转、调速、制动			
学习小组		姓名		
学习工作任务	学习工作任务完成评价			
工作任务 1：掌握直流牵引电动机的起动方法	自我评价	小组评价	教师评价	
工作任务 2：掌握改变直流牵引电动机转向的方法	自我评价	小组评价	教师评价	
工作任务 3：掌握直流牵引电动机的调速的方法	自我评价	小组评价	教师评价	
工作任务 4：掌握直流牵引电动机的制动方法	自我评价	小组评价	教师评价	

→ 自测题

1. 填空题

（1）对机车起动的基本要求是：（　　　）、加速快，防止列车冲动和断钩。

（2）电力机车在其起动牵引力作用下，克服列车静止时所受的阻力并产生加速度，最终运行在机车的自然特性上，这一过程称为机车的（　　　）。

（3）为限制起动电流，可降低电源（　　　）起动或电枢回路（　　　）起动，这是通常采用的两种起动方法。

（4）直流电动机的旋转方向可改变（　　　）的方向，或改变电枢电流的方向。

（5）在电动机机械负载不变的条件下，用人为方法调节电动机转速叫作（　　　）。

（6）机车在电气制动时需要在牵引电动机轴上加一个与转向（　　　）的转矩（称制动转矩）来实现，即牵引电动机的制动。

2. 简答题

（1）直流电机有几种调速方法？电力机车常采用哪些方法调速？

（2）简述电气制动原理。

（3）直流牵引电机有几种制动方法？简述它们的异同点和使用场合。

模块 2

直流牵引电动机的维护与检修

机车牵引动力主要取决于牵引电动机的运行状态是否良好，直流牵引电动机功率大，结构尺寸又受到安装空间的限制，发热极为严重，同时"换向"是装有换向器电动机运行时的薄弱环节，对电动机正常运行有很大的影响，为了改善牵引电动机的"换向"，使得牵引电动机的结构变得复杂。在运行中牵引电动机受力非常复杂，主要有：在起动加速过程中承受各部件的扭力、牵引力，在通过曲线时的离心力，以及高速运行产生共振及各滑动部件的摩擦力。因此，牵引电动机经过一段时间运用后，不可避免地会出现一些损伤，即各零部件会产生不同程度的自然磨损，如紧固螺栓松动，发生折损、裂纹、松旷、变形、蚀损或物理化学变化，换向器表面短路，电刷磨损或电刷压簧松动等。若不能及时准确地对牵引电动机进行保养和检修，会加速故障的扩大或部件的损坏，甚至会引发事故，造成电动机烧损。本模块主要学习改善牵引电动机"换向"的方法，脉流牵引电动机的通风冷却，以 ZD105A 型脉流牵引电动机为例来认识直流牵引电动机的结构，以及维护与检修的方法。

任务 2.1　改善直流和脉流牵引电动机的换向

→ 布置任务

1. 了解换向的基本概念
2. 掌握改善直流牵引电动机换向的方法
3. 掌握直流和脉流牵引电动机的环火知识及防止措施

→ 相关资料

1. 换向的基本概念

为了解每个电枢元件中电流换向的过程，本书以一个单叠绕组元件为例来进行分析。为了简便起见，假设电刷宽度 b_b 等于一个换向片片距 β_K，电刷固定不动，换向器以线速度 v_K 向左移动，所讨论的换向元件用粗线表示，它和换向片 1 及 2 相接，如图 2-1 所示。

开始换向瞬间，电枢转到电刷与换向片 1 相接触的位置，如图 2-1（a）所示。这时换向元件属于电刷右边的一条电枢绕组支路，元件中流过的电流 i 等于电枢绕组支路电流 i_a，设此电流的方向为正；当电枢转到电刷与换向片 1 及 2 都接触的位置时，如图 2-1（b）所示，

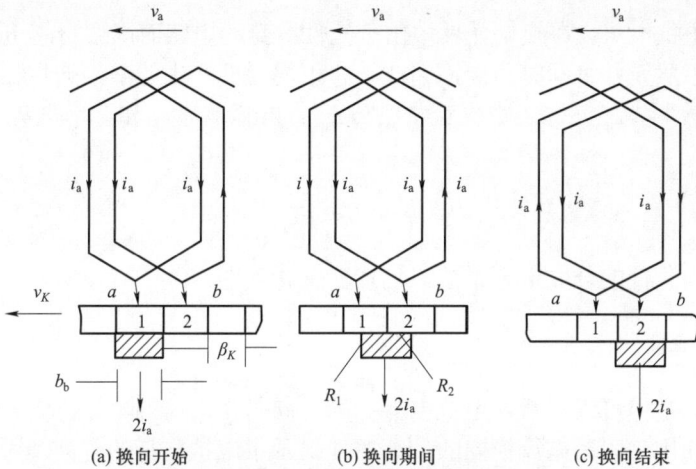

(a) 换向开始　　　　　　　(b) 换向期间　　　　　　　(c) 换向结束

图 2-1　换向元件中电流的换向过程

换向元件被电刷短路，这时随着换向器的继续移动，换向元件中的电流 i 开始减小。当 i 减小到零之后，再反向增加；当电枢转到电刷只与换向片 2 接触时，如图 2-1（c）所示，换向元件属于电刷左边的一条电枢绕组支路，这时元件中的电流仍等于电枢绕组支路电流 i_a，但其方向与原来相反，即为 $-i_a$，至此，该元件换向结束。

　　如上所述，当旋转的电枢元件从电枢绕组一条支路经过电刷进入电枢绕组另一条支路时，该元件中电流从一个方向变换到另一个方向。电枢绕组元件中电流方向的改变称为换向。

　　换向元件从换向开始到换向结束所经历的时间称为换向周期，以 T_K 表示，如图 2-2 所示，T_K 也就是换向过程中换向器在空间移动距离 b_b 所需的时间。换向周期 T_K 是很短的，通常只有千分之几秒。应当指出的是，换向周期 T_K 虽然很短，但换向过程却很复杂，不仅是单一的电磁变化过程，同时还出现了机械、电化学与电热等现象，而且它们之间又相互影响，这给研究换向问题带来了极大的困难。

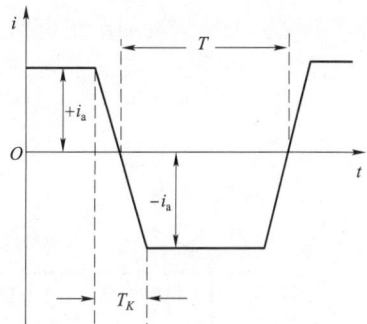

图 2-2　电枢绕组元件中电流的变化

2. 换向元件中的电势及换向电流

换向过程也就是电枢绕组元件被电刷短路的过程，被电刷短路的元件中电流（即换向电流）的变化规律，取决于闭合回路中的电势和电阻。图 2-3 所示为换向元件电路图。

　　1）换向元件中的电势

换向元件由于电流换向和受到外磁场的作用，将产生下列电势。

（1）电抗电势 e_r。

电枢绕组元件中通过电流时，在元件的槽部和端部将产生漏磁通。由于换向元件中的电流在很短的换向周期 T_K 内由 $+i_a$ 变为 $-i_a$，所产生的漏磁通也相应地变化。根据电磁感应定律，当闭合回路中磁链变化时，将产生反电势，力图阻止磁链的变化，即阻止电流的变化，

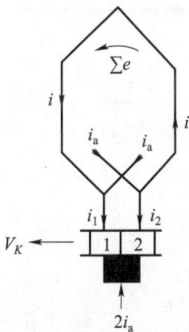

图 2-3　换向元件电路图

这种反电势称为电抗电势。在换向元件中由于元件本身的电感而产生自感电势 e_L；对整距元件，同槽中上、下层元件将同时换向，因此上、下层元件产生的漏磁通也相交链，所以，在该元件中除了自感电势 e_L 外，还产生互感电势 e_M。自感电势 e_L 和互感电势 e_M 之和，称为电抗电势 e_r，即：

$$e_r = e_L + e_M = -L_r \frac{\mathrm{d}i_a}{\mathrm{d}t} \tag{2-1}$$

式中：L_r——换向元件的合成电感系数，包括自感和互感；

$\dfrac{\mathrm{d}i_a}{\mathrm{d}t}$——电流变化率。

根据电磁感应定律可以判断，电抗电势 e_r 的方向与换向前的电流方向一致，即换向元件中电抗电势 e_r 的作用是阻碍电流换向的。图 2-4 显示了电抗电势的方向及所研究的换向元件和它所产生的漏磁通。

电抗电势 e_r 的大小取决于电枢电流和转速，电流越大，转速越高，则电抗电势 e_r 越大，电机换向就越困难。

（2）电枢反应电势 e_a。

电机负载运行时，除了主磁场外，还存在电枢磁场，如图 2-5 所示。在几何中心线处，主磁场等于零，但存在着较强的电枢磁场。当电枢旋转时，处于几何中心线上的换向元件，将切割交轴电枢磁场而产生电枢反应电势 e_a。根据右手定则可以判断 e_a 的方向也是与换向前的电流方向相同的，即 e_a 和 e_r 方向一致，都是阻碍电流换向的。

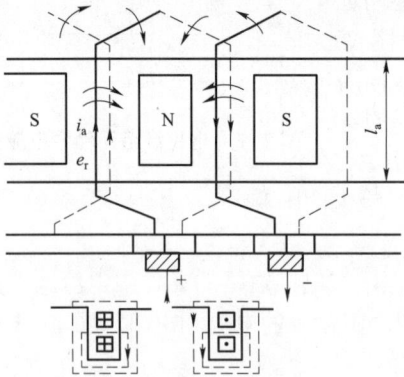

图 2-4 换向元件中的漏磁通及电抗电势的方向

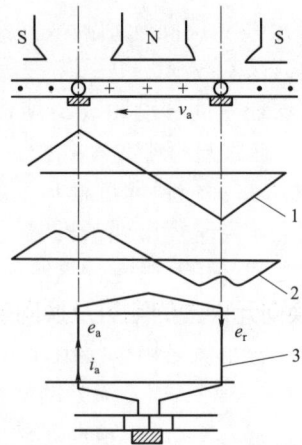

1—交轴电枢磁势；2—交轴电枢反应磁密；3—换向元件。

图 2-5 电枢磁场

（3）换向电势 e_K。

上面所讨论的两个电势 e_r 和 e_a，是没有安装换向极的电机中换向元件所感应的电势，它们都是阻碍电流换向的。为了改善换向，容量在 1 kW 以上的直流电机都安装有换向极，换向极安装在几何中心线上。换向极极性应正确，以使它的磁势与交轴电枢反应磁势相反，如图 2-6 所示。这样，当换向元件切割换向极磁场时，感应产生换向电势 e_K，其方向与 e_r 和

e_a 相反，用来抵消 e_r 和 e_a 对换向的不利影响。

因此，当电机换向时，换向元件回路内合成电势等于以上电势之和，即：

$$\sum e = e_r + e_a - e_K \qquad (2-2)$$

若换向电势 e_K 选择得合适，使 $e_K = e_r + e_a$，恰好可以互相抵消时，换向元件中的合成电势 $\sum e = 0$，此时电机能得到满意的换向。如果换向极磁场不合适，则合成电势就不等于零，这时在换向元件中将产生附加电流。过大的附加电流，会使电机换向恶化。

2）换向元件中的电阻

在图 2-3 所示的换向元件电路图中，若不计元件及引线电阻，换向回路的电阻即是电刷与换向片间的接触电阻。接触电阻的大小可认为和电刷接触面积成反比，设 R 为电刷总接触电阻，R_1、R_2 分别为电刷与换向片 1、2 的接触电阻，则：

1—交轴电枢磁势；2—换向极磁势；3—合成磁势。

图 2-6　有换向极时的磁场图

$$R_1 = R\frac{T_K}{T_K - t} \qquad R_2 = R\frac{T_K}{t} \qquad (2-3)$$

3）换向元件中的电流

根据图 2-3 所示的换向元件电路图，可得换向元件回路的电势平衡方程式为：

$$(i_a + i)R_1 - (i_a - i)T_2 = \sum e$$

换向元件中电流的变化规律为：

$$i = i_a\left(1 + \frac{2t}{T_K}\right) + \frac{\sum e}{R} \cdot \frac{T_K - t}{T_K^2} = i_L + i_K \qquad (2-4)$$

式中：i_L——直线换向电流；

i_K——附加换向电流。

在换向过程中，换向元件中电流的变化情况可根据 $\sum e$ 的不同，分为电阻换向、延迟换向和超越换向 3 种基本类型，换向元件中电流的变化规律如图 2-7 所示。

（1）电阻换向。

当 $e_K = e_r + e_a$ 时为理想换向情况，此时，元件中的合成电势 $\sum e = 0$，换向元件中电流的变化仅取决于换向元件回路的电阻，故称为电阻换向。因为此时换向电流 i 对时间 t 按直线关系变化，所以电阻换向又称为直线换向，如图 2-7（a）所示。

直线换向的特点是电刷接触面上电流密度的分布始终是均匀的，它是一种理想的换向情况，在电刷与换向器之间不产生火花。

（2）延迟换向。

在一般情况下，换向电势 e_K 往往不可能恰好抵消电抗电势 e_r 和电枢反应电势 e_a，若换向极磁场较弱，则 $e_K < e_r + e_a$，合成电势 $\sum e \neq 0$，则换向元件中产生附加电流 i_K，根据楞次

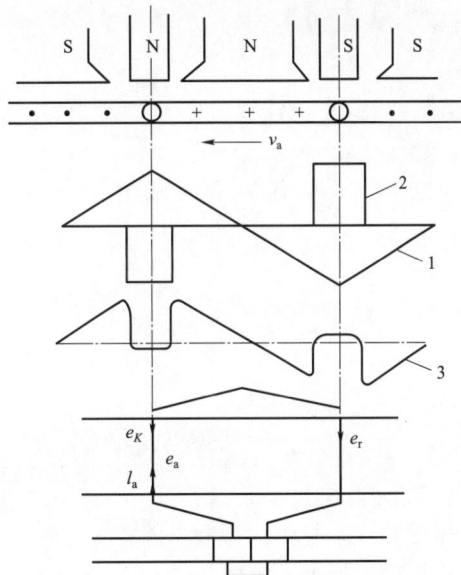

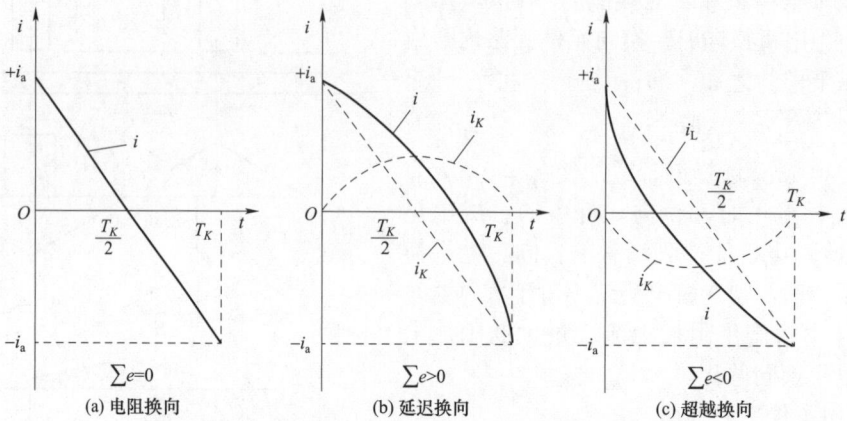

图 2-7 换向元件中电流的变化规律

定律可知，i_K 是阻止换向电流 i 变化的。当 $i=0$ 时，电流改变方向的时刻比直线换向时更迟，故称为延迟换向，如图 2-7（b）所示。延迟换向说明换向极磁势较弱，故又称为欠补偿换向。

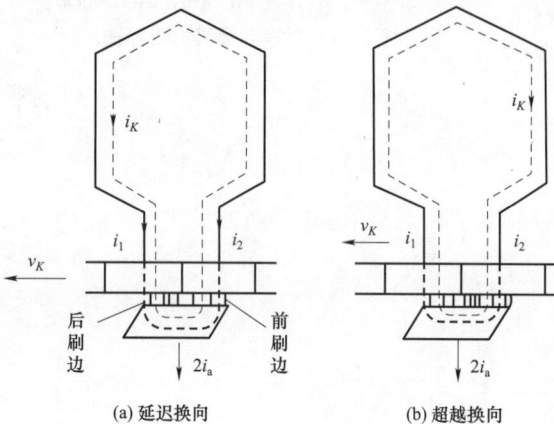

图 2-8 $\sum e \neq 0$ 时的换向电流图

由图 2-8（a）可见，由于 i_K 与 i_1 同方向而与 i_2 反方向，相应地使后刷边（即滑出换向器的一边）的电流密度增大，前刷边（即滑入换向器的一边）的电流密度减小，破坏了电刷下电流密度分布的均匀性，这对换向是不利的，可能产生火花。

（3）超越换向。

若换向极磁场较强，则 $e_K > e_r + e_a$，$\sum e \neq 0$。在这种情况下，换向元件中的附加电流 i_K 改变了方向，即与换向电势 e_K 的方向相同，是帮助换向的。当 $i=0$ 时，电流改变方向的时刻比直线换向时更早，故称为超越换向，如图 2-8（b）所示。超越换向说明换向极磁势较强，故又称为过补偿换向。

由图 2-8（b）可见，由于 i_K 与 i_2 同方向而与 i_1 反方向，相应地使前刷边电流密度增大；后刷边电流密度减小，从而也破坏了电刷下电流密度分布的均匀性，同样对电机换向不利。

3. 火花现象和火花等级

人们在生产实践中发现，直流电机运行时，其电刷与换向器之间常常伴有火花。火花通常出现在电刷的后刷边，发生火花是直流电机换向不良的直接表现。如果火花在电刷上出现的范围很小，亮度微弱，呈浅蓝色，它对电机运行并无危害，不必要求绝对没有火花，但当火花在电刷上出现的范围较大，比较明亮，呈白色或红色，就会灼伤换向器及电刷，影响电机的正常运行。因此，火花的大小直接反映了直流电机换向性能的好坏。

《旋转电机 定额和性能》（GB/T 755—2019）中，对直流电机换向器上的火花等级进行了规定，火花等级如表 2-1 所示。

表 2-1 火花等级

火花级别	电刷下火花的特点	换向器及电刷的状态
1	无火花	换向器上没有黑痕，电刷上没有灼痕
$1\frac{1}{4}$	电刷边缘仅小部分有微弱的点状火花，或有非放电性的红色小火花	
$1\frac{1}{2}$	电刷边缘大部分或全部有轻微的火花	换向器上有黑痕，但用汽油能擦去，同时电刷上有轻微的灼痕
2	电刷边缘大部分或全部有强烈的火花	换向器上有黑痕，用汽油不能擦去，同时电刷上有灼痕。如短时出现这一级火花，换向器上不出现灼痕，电刷不被烧焦或损坏
3	电刷的整个边缘有强烈的火花，同时有大火花飞出	换向器上黑痕相当严重，用汽油不能擦去，同时电刷上有灼痕。如在这一级火花下短时运行，则在换向器上将出现灼痕，同时电刷将被烧焦或损坏

1 级、$1\frac{1}{4}$ 级均为无害火花，允许电机在这些火花等级下长期运行。在 2 级火花作用下，换向器上会出现灰渣和黑色的痕迹。随着运行时间的延长，黑色痕迹将逐渐扩展，电刷和换向器磨损也显著增加，因此，2 级火花只允许短时出现。电机运行时绝不允许出现 3 级火花。

直流和脉流牵引电动机由于工作条件恶劣，如负载急剧变化、电网电压波动、强烈的机械振动和冲击、在脉动电压下工作等，都会使电机换向更加困难。为了保证牵引电动机运行可靠，直流牵引电动机在运行时的火花等级应限制在下述范围内：在额定磁场和各削弱磁场级位上正常运行时，火花不应超过 $1\frac{1}{2}$ 级；在其他情况下（如短时冲击负载）运行时，火花不应超过 2 级。对于脉流牵引电动机，其换向条件更为困难，允许在 2 级火花下持续运行。此时，换向器表面将发黑，但只要不损坏换向器工作表面，这种火花是允许的。

直流和脉流牵引电动机在运行过程中的火花情况，除使用专门仪器测量外，很难直接观察。因此，通常以换向器及电刷表面状态作为确定火花等级的主要依据。

4. 产生火花的原因

直流电机的换向问题十分复杂，产生火花的原因也是多种多样的。通过不断实践和分析研究，到目前为止，通常将产生火花的原因归纳为电磁、机械和化学 3 个方面的原因。

1）电磁原因

早期，人们认为产生火花的原因是由于电刷接触面电流密度太大所致，但实践证明，产生火花的原因并不是电流密度大。因为在近乎直线换向时，即使平均电流密度达到 200 A/cm² 以上，刚过电流密度达到 350～400 A/cm² 时，也没有产生火花，而电机正常运用时，当电刷平均电流密度仅为 8～20 A/cm²，可见，这种认识并不符合实际。

经过不断实践和长期研究，目前对因电磁因素产生火花有以下几种看法。

（1）当电机处于直线换向时，尽管电流密度可能很大，但不会产生火花。

（2）当延迟换向不太严重时，在换向开始和结束瞬间，附加换向电流 i_K 都等于零，这时，后刷边电流密度虽然很大，但并不产生火花。只有在过分延迟换向时，当 $t = T_K$，i_K 还未降到零，在换向元件和电刷断开瞬间，换向元件中的 i_K 以电磁能量 $\frac{1}{2}L_i i_K^2$ 的形式释放出来，当这部分能量足够大时，后刷边就会产生火花。因此，可以认为，附加换向电流 i_K 过大是产生火花的电磁原因。

（3）当电机工作在严重超越换向时，前刷边电流密度增大，同时电刷与换向片刚开始接触，仅有少数点接触。使这个增大的电流集中在电刷与换向片开始接触的少数点上，导致电刷局部过热而在前刷边出现火花或电弧。

2）机械原因

牵引电动机在运行中受到强烈振动，换向器、转子和电刷装置状态不良也会引起电机产生火花，这类火花称为机械火花。

机械火花的产生可以归纳为两大类原因。

（1）换向器及电机旋转部分的缺陷。

① 个别换向片或云母片凸出。

② 换向器偏心、转子动平衡不好。

③ 换向器工作表面被污染，有毛刺、斑痕或拉伤沟纹等。

④ 换向器工作表面变形，如呈椭圆形或锥形等。

（2）电刷装置的缺陷。

① 电刷接触面研磨得不光滑，接触不良或只是局部接触。

② 电刷在刷盒中间隙不合适，造成跳动、倾斜或卡死现象。

③ 电刷上压力不适当。

④ 刷握装置不稳固，造成刷握位置偏离几何中心线。

⑤ 刷架圈的定位不准确或安装不牢固等。

产生机械火花的原因是多种多样的，有时可能是几种原因同时起作用。因此在生产和组装电机零部件时，必须精心制造和严格按工艺要求作业。电机运行时，一旦出现火花，应仔细观察和具体分析。一般来说，机械火花和电磁火花是有区别的。机械火花呈红色或黄色，连续而较粗，沿切线方向飞出，且在换向器表面产生无规律的黑痕。电磁原因引起的火花呈白色或蓝色，连续而细小，基本上都在后刷边燃烧，换向器上留下有规律的黑色痕迹。

3）化学原因

以前，人们主要从电磁理论方面来研究换向，分析产生火花的原因，但实际上，换向问题相当复杂，除电磁原因和机械原因会导致火花外，化学原因也会导致直流和脉流牵引电动机在运行中产生火花。

在正常情况下，当电机长期运行之后，换向器滑动面会覆盖一层很薄的薄膜，电刷在与换向器接触时，并不是直接与换向器铜片本身接触，而是通过这层薄膜与换向器铜片接触。要获得良好的换向，除保持电磁和机械方面的良好条件外，还必须在换向器表面形成均匀而光亮的薄膜层，不正常薄膜的出现将预示着电机换向的恶化。

换向器滑动面的薄膜是电刷与换向器接触并在相对运动过程中逐渐形成的。由于大气中有水蒸气，使电刷和换向器表面都覆盖着一层水膜，当电机工作时，电刷和换向器接触面上流过电流，该电流使水分发生电解作用，电刷和换向器形成两个极，正极产生氧，负极产生氢。开始时，铜离子向外运动，遇到氧离子生成氧化亚铜膜。而铜离子不断穿越最初建立的膜，再与空气中的氧相遇产生新的膜，使膜不断加厚。随着膜的不断加厚，加厚的速度也逐渐变慢，达到一定的厚度停止。这样，换向器滑动面的氧化膜就形成了。同时，在这层薄膜上面又吸附着一层非常薄的由石墨和碳粉组成的碳膜，换向器滑动面薄膜如图 2-9 所示。可见，换向器滑动面薄膜由以下两部分组成。

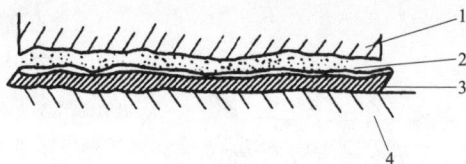

1—电刷；2—石墨和碳粉；3—氧化亚铜；4—换向器。

图 2-9　换向器滑动面薄膜

（1）金属氧化膜，由氧化铜和氧化亚铜的混合物组成。

（2）碳膜，在氧化膜上面，由微小的碳粒、石墨和其他附着物组成。

电机运行时，由于金属氧化膜本身具有较高的电阻，从而增加了换向元件回路的电阻，降低了附加换向电流 i_K，改善了电机的换向。碳膜附着物在吸收空气中的水分之后能产生良好的润滑作用，减小电刷与换向器之间的磨耗，使电刷运行稳定。另外，薄膜与电刷间相互存在着一定的黏附作用，可以缓冲或减小电刷的颤振频率和速度，保持电刷与换向器之间滑动接触的稳定性，减小或消除机械性火花，因此，薄膜对电机的工作起着十分重要的作用，但是，这层薄膜并非静止不变的。在电机工作时，金属氧化膜在电刷的摩擦下被破坏，但当电流通过时，由电刷和换向器形成的正、负电极使空气中的水分电解，加之换向器滑动接触面温度较高，又会使铜表面氧化形成新的氧化膜。与此同时，由正电刷分离出许多极小的微粒吸附在氧化膜上形成碳膜，又由负电刷将它们清除。因此，薄膜在不断地形成与被破坏，如果被破坏的速率小于形成的速率，则氧化膜逐步建立起来，对正常运行的电机维持一种动态平衡。

薄膜的形成及其颜色还与电刷的材质、电刷的压力、电流的密度、运行时间的长短及周围的环境等许多因素有关。正常的换向器表面薄膜应当是棕褐色的，在手电筒的光照之下，能反射出光泽，有一种油润感。从运用观点来看，只要薄膜是均匀的、光亮的、稳定的和呈棕褐色的，则标志着电机的换向是正常的。

5. 改善直流牵引电动机换向的方法

改善换向的目的在于消除电刷下的火花。消除换向火花的实质，是设法减小换向元件中附加换向电流 i_K。分析换向过程可知，减小换向元件中的附加换向电流 i_K，可通过减少换向元件合成电势 $\sum e$ 和增大换向回路电阻两个途径实现。

1）设置换向极

换向极装在电机几何中心线上，其作用是在元件的换向区域内建立一个换向极磁势，换向极磁势与交轴电枢反应磁势方向相反，它除了抵消电枢反应磁势外，还剩下一个换向磁势 F_K，并在换向区建立换向磁场 B_K，换向元件切割 B_K 后，就会在换向元件产生一个与电抗电势方向相反的换向电势 e_K，如果 e_K 大小与 e_r 相等，即合成电势 $\sum e = 0$，就能改善电机的换向。

为了保证在任何负载下换向电势都能恰好抵消电抗电势，换向极应满足以下要求。

（1）极性正确。

换向极极性要保证其磁场方向与交轴电枢反应磁场方向相反。因此，对于电动机，换向极极性应与沿旋转方向前面的主极极性相反，如图 2-10 所示。

（2）换向极绕组必须与电枢绕组串联。

电机运行时电抗电势 e_r 的数值不是常数，e_r 随着负载电流变化成正比变化。为了保证 e_K

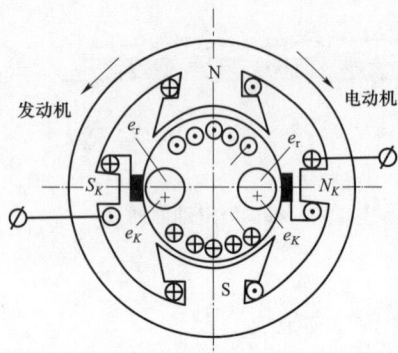

图 2-10 换向极极性

在整个负载范围内随时抵消 e_r，则要求 e_K 也必须随着负载电流变化而变化，因此，换向极绕组必须与电枢绕组串联。

(3) 换向极磁路处于低饱和状态。

换向电势 e_K 是换向元件切割换向区 B_K 产生的，只有磁路不饱和时，才能保证 B_K 与电枢电流入成比例变化，满足 e_K 正比于 I_a 的要求。

为了使换向极磁路不饱和，在设计电机时，通常采用较大换向极气隙以使换向极磁密降低，但是，如果单纯增大换向极和电枢表面间的空气隙，将使漏磁通增加，而换向极漏磁通也是造成换向极磁路饱和的重要因素。为此，牵引电动机常将换向极气隙分成两部分，即电枢与换向极极靴之间的第一气隙 δ_1 和换向极极根与机座内壁之间的第二气隙 δ_2，如图 2-11 所示。第二气隙垫为非磁性垫片，如发现换向电势补偿不当，还可通过调节第二气隙的大小来调整 B_K 的数值，使电机得到良好的换向。

2）减小电抗电势 e_r 的数值

为了得到良好的换向，在设计牵引电动机时，希望电抗电势 e_r 的数值尽可能小些，这样抵消电抗电势 e_r 所需要的换向电势 e_K 也就小些。当这两个电势的绝对值都减小以后，它们的剩余电势也相应减小，这样就改善了电机的换向条件。同时，由于 e_K 减小，相应 e_K 也减小，在换向极气隙较小的情况下，也保证磁路处于低饱和状态，从而使 e_K 在负载变化范围内都能较好地抵消，但是，过分减小 e_r 值将会使电机重量增加，经济指标下降。因此，电抗电势的数值应控制在适当的范围内。

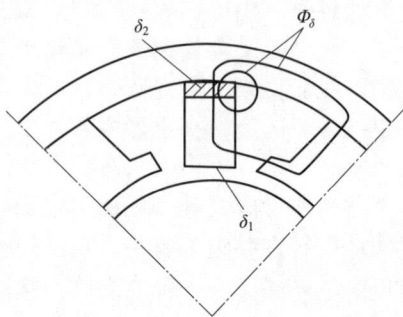

δ_1—第一气隙；δ_2—第二气隙；Φ_δ—漏磁通。

图 2-11 换向极气隙

3）增加换向回路的电阻

换向回路电阻主要取决于电刷与换向片之间的接触电阻，增加接触电阻可以减小附加换向电流 i_K 的数值，从而改善电机换向。

接触电阻的大小，主要取决于电刷的材质和结构，不同牌号的电刷有不同的接触电阻。脉流牵引电动机由于换向条件困难，广泛采用高接触电阻的电化石墨电刷，如 SS$_4$ 改型电力机车中 ZD105 型脉流牵引电动机采用的 D374B 型电刷。该型号电刷具有较高的电阻率以保证良好的换向，同时又有较好的耐磨性和机械强度。为了增加换向回路的电阻和改善电刷与换向器的接触状况，在脉流牵引电动机中还广泛采用双分裂式电刷，如图 2-12 所示。这种电刷采用两块电刷放在同一刷盒中的结构，顶部压块用橡胶制成。由于每一块电刷质量小，惯性小，同时橡胶压块可以吸收电刷的振动，使电刷与换向器接触良好。另外，在两块电刷接触面间有横向间隙，增加了换向回路的横向电阻，从而改善了电机的换向条

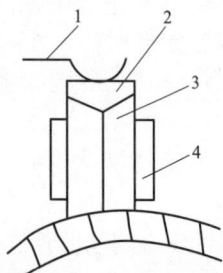

1—压指；2—压块；3—电刷；4—刷盒。

图 2-12 双分裂式电刷

件。实践证明，采用这种电刷结构可以降低电刷下的火花。

综上所述，电刷性能和结构对电机换向影响很大，选择电刷是十分重要的，必须根据不同电机的具体情况来考虑，同时还应注意以下几点要求。

（1）在同一台电机中，必须采用相同牌号的电刷。否则，会由于接触电阻大小不同造成电刷间负载分配不均，致使接触电阻小的电刷因电流较大而使换向恶化。

（2）在牵引电动机中，电刷电流密度一般在 $12 \sim 16 \, \text{A/cm}^2$ 的范围内。电刷是以接触压降来表示的，接触压降和电流密度有关，当电刷电流密度较小时，随着电流增大，接触压降随之增大，当电流密度达到一定数值后，接触压降不再增加，此时，换向回路的接触电阻随电流密度增大而减小，这对换向是十分不利的，因此，对电刷的电流密度有一定限制。

（3）对于抱轴式悬挂的牵引电动机，电刷上单位压力，一般取 $2.94 \sim 3.29 \, \text{N/cm}^2$。因为压力太大将使电刷磨损加快，压力过小会使电刷跳动产生火花。

最后还应指出，在电刷使用中还要注意以下几点。

（1）电刷应仔细研磨吻合，保持清洁并使电刷和刷握间有适当间隙，防止电刷接触面粘铜。

（2）在正常使用中，温度升高会使电刷接触压降减小，可能引起换向不良。

（3）一台电机上各电刷压力必须均匀，压力不均使电流分配不均，电流较大的可能产生火花，低电流密度下滑动的电刷，对换向器磨损也有影响。

6. 直流和脉流牵引电动机的环火及防止措施

直流和脉流牵引电动机在某些恶劣条件下运行时，正、负电刷之间可能形成一股强烈的环形电弧；同时伴有闪光与巨响，这种现象称为环火（俗称"放炮"）。强烈的电弧会灼伤换向器表面和电刷，对电机具有很大的破坏性。此外，出现环火时，电弧还可能由换向器表面飞越到换向器前压圈、转轴、刷架圈、磁极铁心或机座上，造成电机接地，这种现象称为飞弧。环火相当于电枢绕组通过电刷直接短路，可能烧断电枢绕组并将其甩出，造成电机"扫膛"。在环火时牵引电动机处于发电机运行状态，如图 2-13 所示。这时，电流经环火电弧直接流入励磁绕组，使电机反电势猛增，$E_a > U$，电枢绕组中产生巨大的反向短路电流，使电机处于发电机运行状态，产生一个很大的制动转矩，由于列车惯性很大而造成动轮踏面严重擦伤。

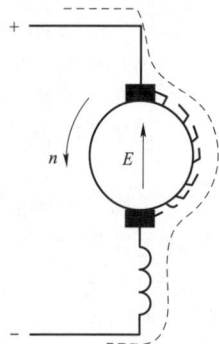

图 2-13 环火示意图

环火是直流和脉流牵引电动机最严重的故障之一，因此，研究环火产生的原因及如何采取措施防止电机在运行中发生环火，对保证牵引电动机安全运行有着非常重要的意义。

1）产生环火的原因

电机运行时，由于电磁或机械方面的原因，在电刷下可能产生原始火花；当换向片间电压过高时，可能产生电位火花。随着换向器的旋转，火花形成小的电弧，若这些电弧迅速熄灭，则对电机的运行没有什么危害。若电弧被机械地拉长，使正、负电刷短路，就会形成环火。由火花引起的电弧能否继续维持以致形成环火，取决于电弧本身的能量、换向器片间电压等因素。因此，换向器片间电压分布曲线和电位特性与电机环火有直接的内在联系。

（1）换向器片间电压分布曲线和电位特性。

相邻两换向片间的电压，近似等于连接在这两个换向片上的电枢绕组元件中的感应电势。因电势的大小正比于元件所处位置的气隙磁密 B_δ，则片间电压凸 ΔU_K 与 B_δ 成正比，即片间

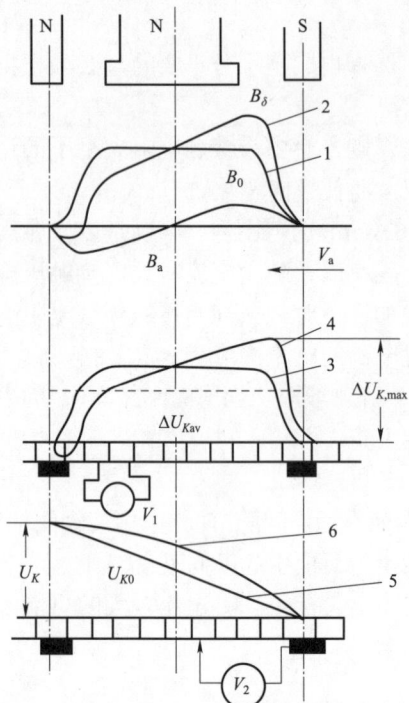

1—空载气隙磁密分布曲线；2—负载气隙磁密分布曲线；
3—空载片间电压曲线；4—负载片间电压分布曲线；
5—空载电位特性曲线；6—负载电位特性曲线。

图 2-14 片间电压和电位特性曲线

电压分布曲线 $\Delta U_K = f(x)$ 与气隙磁密分布曲线 $B_\delta = f(x)$ 形状相同。$\Delta U_K = f(x)$ 曲线也能用实验方法直接求出，如图 2-14 所示。

换向器电位特性 $\Delta U_K = f(x)$，是片间电压累加的结果，可用电压表测得，片间电压和电位特性曲线如图 2-14 所示。电位特性曲线形状与片间电压的分布有关，也取决于气隙磁密分布曲线的形状。

主极气隙中磁密分布曲线与电机的负载有关。电机带上负载后，交轴电枢反应使气隙磁场分布曲线发生畸变，如图 2-14 曲线 2 所示，$\Delta U_K = f(x)$ 和 $U_K = f(x)$ 随之变化，片间电压分布曲线发生畸变，如图 2-14 曲线 4 所示，在接近电刷后刷边处，出现最大片间电压上 $\Delta U_{K,\max}$，电位特性也相应变陡，如图 2-14 曲线 6 所示。

在脉流牵引电动机中，存在着片间电压的交流分量，它由两部分组成：① 主极交变磁通在电枢绕组元件中产生的变压器电势；② 电枢反应交变磁通引起气隙磁密脉动，产生的附加电势。此时，片间电压的交流分量和直流分量叠加，形成了脉流牵引电动机的片间电压分布曲线，脉动电压下的片间电压分布曲线如图 2-15 所示。由图可见，片间电压的最大值增大，通常情况下，比直流时增加 15%~20%，因此，其电位特性也随之变陡。

（2）电刷下火花的扩展。

当原始火花较大时，随着换向器的转动，原始火花将被机械地拉长，从而在电刷与换向片间形成电弧，该电弧能否维持甚至发展，取决于电弧本身的能量及换向器上的电位分布。

图 2-16 所示为在一定电弧电流下，沿换向器圆周长度维持稳定电弧所需要的电压值，该曲线称为电弧特性 $U_g = f(I_g, L_g)$，其中 L_g 表示沿换向器圆周的电弧长度。原始火花形成的原始电弧，燃烧到换向器上的 K 点，若电弧电流为 I_2，则维持电弧燃烧的最小电压为 U_{g2}，如电弧两端的电压小于此值，则电弧自行熄灭；反之，电弧则继续燃烧。

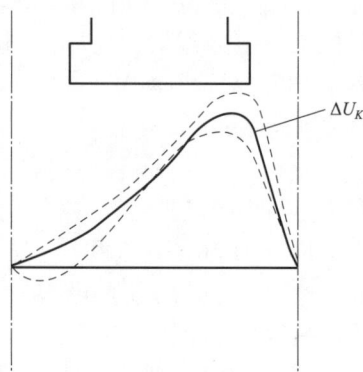

图 2-15 脉动电压下的片间电压分布曲线

将电位特性曲线和电弧特性曲线用同一坐标表示，如图 2-17 所示，可解释电位特性与环火的关系。图中曲线 1 表示牵引电动机电位特性，曲线 3 表示当电弧电流为 I_1 时的电弧特性，两曲线交于 a 点。

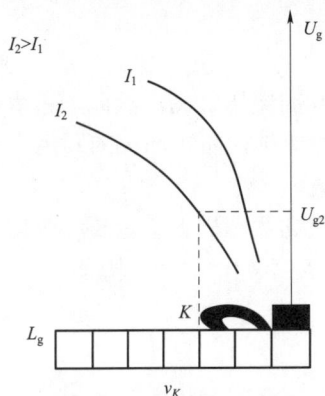

图 2-16　电弧特性曲线

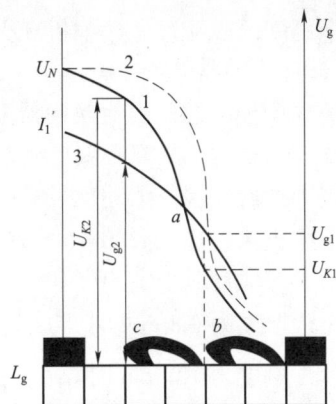

图 2-17　电弧燃烧形成环火示意图

若由原始火花形成的原始电弧燃烧到换向器圆周上的 b 点，这时加在电弧上的电压 U_{K1} 小于维持电弧燃烧所需要的电压 U_{g1}，即 $U_{K1} < U_{g1}$，电弧不能继续燃烧而自行熄灭。若原始电弧燃烧到 c 点，此时 $U_{g1} > U_{g2}$，电弧将越过 c 点后继续燃烧，c 点以后电弧燃烧条件更加充分，并且空气已被电离，使电弧更为强烈且被继续拉长，以致形成环火。交点 a 是当电弧电流为 I_1 时，电弧继续燃烧的临界点。

由图 2-17 可见，电机电位特性越陡（图中曲线 2），交点离原始电弧发生处越近，$U_{K2} > U_{g2}$ 的条件也越容易满足，产生环火的可能性也越大。在同样的电位特性情况下原始电弧电流越大，电弧特性曲线下降得越多，交点的电压越低，容易满足燃烧条件，也更容易产生环火。

（3）电位火花的扩展。

牵引电动机运行时，电刷磨损而产生碳粉或电刷碎片，换向器磨损的铜粉及其他导电灰尘会积聚在换向片间的沟槽中，这些可导电物质在换向片间形成了所谓的导电桥。当片间电压过高时，此导电桥中的导电尘粒因燃烧形成火花。若片间电压足够大，会在这些导电尘粒燃烧后，出现片间电弧，或称为单元闪络，如图 2-18（a）所示。此燃烧的电弧使周围空气电离，当换向器转动时，该电弧随换向器一起转动，并且由于电弧形成的气体内压力及作用在电弧上的电动力使电弧拉长，如图 2-18（b）所示。当电弧向前扩展时，它遗留下来的离化气体是导电的，因而，电弧不断伸长，如图 2-18（c）所示，以致形成环火。

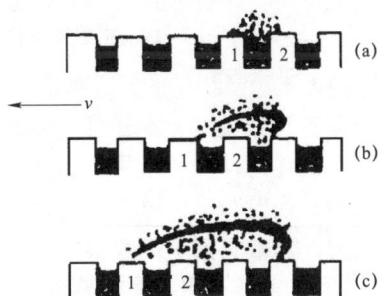

图 2-18　导电桥形成环火示意图

由上述分析可知，引起电机环火的内部因素是电机的换向情况、电位特性及片间电压的数值，但电机最终是否发生环火还取决于电机的负载情况和运行状态等外部条件。例如牵引电动机运行中，当负载电流急剧增加或发生短路时，特别是在磁场削弱过深的情况下，由于电枢电流急剧增加，电抗电势 e_r 随之增大，而换向极磁路中涡流的阻尼效应使换向电势 e_K 不能随之增大，此时 $e_r > e_K$，电机处于严重延迟换向状态，后刷边可能出现强烈的电弧。同时，由于电枢电流急剧增加及主磁场的减弱，使气隙磁场畸变严重，换向器片间电压最大值显著增加，电位特性变陡，并产生电位电弧。这时，电刷下的原始电弧和电位电弧就可能汇合在一起，发展成跨越正、负电刷间的电弧，导致电机环火。

2）预防环火的措施

电机环火最根本的原因是换向器上电位特性过陡及片间电压过高。因此，牵引电动机需要在参数选择和结构上采取必要措施，以提高电机换向稳定性，防止环火的发生。

（1）限制换向器圆周上的电位梯度和最大片间电压值。

牵引电动机运行经验表明，为防止环火的发生，沿换向器圆周上单位长度电位差（即电位梯度）的最大值，应小于 80～90 V/cm，最大片间电压应不超过下列极限值：

当云母片厚度为 0.8 mm 时，$U_{K,\max} \leq 36$ V；

当云母片厚度为 1.0 mm 时，$U_{K,\max} > 36～40$ V；

当云母片厚度为 1.2 mm 时，$U_{K,\max} > 40～43$ V；

当云母片厚度为 1.5 mm 时，$U_{K,\max} > 43～45$ V。

同时应注意，如用较大的最高片间电压值，应考虑用较小的电位梯度。

（2）采用适当的主极极靴形状。

采用适当的主极极靴形状，可以改善换向器的电位分布。牵引电动机所采用的极靴形状，是使得极尖处的空气隙大于极中心处的空气隙，这样可以减小电枢反应对主磁通的畸变作用。

① 偏心气隙。

偏心气隙是指极靴构成的圆弧直径大于电枢构成的直径，而且两圆弧的圆心所处的位置不同，如图 2−19（a）所示。它是用一个大于电枢半径 R_a 的半径 R_m 画出来的，并且其圆心顺着轴线从电枢圆心移动一个距离 $O'O$，这样，极尖处的气隙就增加了。

② 部分扩张气隙。

部分扩张气隙的主极极靴由两部分组成。一部分极弧与电枢为同心圆，在这段范围内，气隙是均匀的且等于 δ_0；另一部分气隙是从 a（a'）点处的气隙 δ_0 开始，向极靴边缘增加到 δ_p，极靴这一部分用直线画出，如图 2−19（b）所示，图中 aK 是直线。

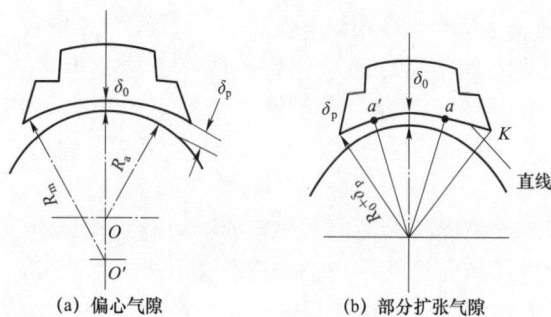

（a）偏心气隙　（b）部分扩张气隙

O—电枢圆心；O'—极弧圆心。

图 2−19　主极极靴形状

上述两种极靴形状，都使极尖处气隙加大，这样不仅减小了电枢反应对主磁通的影响，改善了换向器电位分布，而且还能使最高片间电压处离换向区远一些，增加了电机的抗环火能力。通常极尖下气隙长度为磁极中心处气隙长度的 1.8～2.5 倍。

3）选择适当的极弧系数

采用适当的极弧系数，可以改善片间电压分布，减小电枢反应对主磁场的畸变作用。极弧系数 a 的计算式为：

$$a = \frac{b}{\tau} \tag{2−5}$$

式中：b——极弧长度；

τ——极距。

a 的选择对电机的换向有很大影响。对于极数已定的电机，a 的大小主要取决于极弧长度。图 2-20 表示两种不同的极弧长度 b_1、b_2 空载和负载时气隙磁密的分布曲线，即片间电压的分布曲线。由图可见，当极弧系数较小时，片间电压最大值增大，但最大值的位置离原始火花发生处的距离较远。因此，极弧系数的选择应兼顾上述两方面的情况。对于牵引电动机，由于片间电压较高，发生环火的可能性大，极弧系数宜取小些，一般取 a=0.6～0.7。

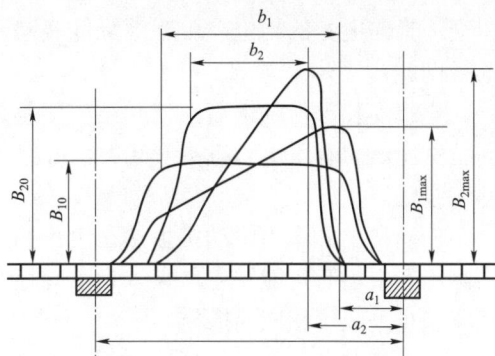

图 2-20　极弧系数对片间电压的影响

4）设置补偿绕组

牵引电动机气隙磁密畸变是由电机负载以后的电枢反应引起的。因此，防止环火最有效的措施应该是尽可能消除电枢磁场引起的气隙磁密畸变，对于负载急剧变化和经常在磁场削弱情况下工作的牵引电动机，最有效的方法是装设补偿绕组。利用补偿绕组消除由于电枢反应而引起的气隙磁场畸变，从而限制片间电压的最大值，减小产生电位火花的可能性；同时使换向器电位特性曲线较为平坦，有利于抑制原始火花和电位火花的扩展，大大减小电机发生环火的可能性。

为了达到上述目的，对补偿绕组提出下列要求。

（1）补偿绕组嵌放在主极极靴上专门冲制的槽内，线圈跨接在相邻两主极之间，如图 2-21 所示。

（2）为了在不同的负载下都能补偿电枢磁势，补偿绕组应与电枢绕组相串联。

（3）补偿绕组产生的磁势与电枢磁势的方向相反。

图 2-22 显示了电枢磁势和补偿绕组磁势的波形，两者基本上能够补偿，但是，由于在两主极之间无法安装补偿绕组，故补偿绕组磁势为梯形波（曲线2），这样在两主极之间的电枢磁势不能全被补偿，留下一个三角形的磁势波（阴影部分），该磁势可由换向极磁势补偿。

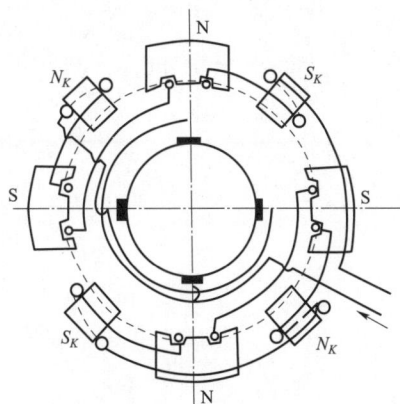

图 2-21　补偿绕组

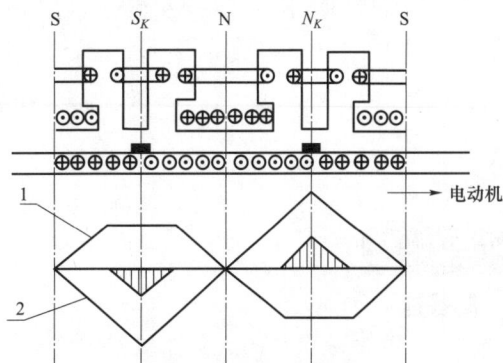

图 2-22　有补偿绕组的磁势

对于脉流牵引电动机，由于补偿绕组的交流磁势可以补偿电枢磁势中的交流磁势，改善了交流换向电势的相位，可有效降低换向元件中的交流剩余电势，从而改善脉流牵引电动机的换向。

电机安装补偿绕组后，使其结构变复杂，增加了制造及检修的工作量。因此，只有在换向特别困难的牵引电动机中安装补偿绕组，国产 ZD105、ZD115 型脉流牵引电动机均安装了补偿绕组。

应当指出，牵引电动机虽然在设计和结构上采取了一定的措施来防止环火的发生，但在实际运行中仍有可能发生环火。为了减轻发生环火后的破坏性影响，在牵引电动机的结构和线路上也采取了相应的措施。

（1）换向器前端云母环露出部分用耐弧性能好的聚四氟乙烯板覆盖，使得发生环火时不致烧毁前端云母环。

（2）在电机刷盒侧壁与刷架圈之间设放电间隙，在环火尚未发展到十分严重程度时，使放电间隙击穿，电弧不经过前端云母环。

（3）采用快速动作断路器。若快速动作断路器在电弧扩展到相邻电刷之前切断电路，就能起到防止环火的作用。即使在环火发生后切断电路，也能减小电机的损坏程度。

学习工作单与考核表

任　　务	改善直流和脉流牵引电动机的换向		
学习小组		姓名	
学习工作任务	学习工作任务完成评价		
工作任务 1：了解换向的基本概念	自我评价	小组评价	教师评价
工作任务 2：掌握改善直流牵引电动机换向的方法	自我评价	小组评价	教师评价
工作任务 3：掌握直流和脉流牵引电动机的环火知识及防止措施	自我评价	小组评价	教师评价

→ 自测题

简答题

（1）怎样划分电机的火花等级？

（2）如何区分电磁火花与机械火花？

（3）不正常换向器薄膜有哪几种主要表现？

（4）换向器表面薄膜有什么作用？

（5）什么是换向？改善电机换向的方法有哪些？

（6）换向元件有哪几种电势？

（7）牵引电动机为什么要有换向极？补偿绕组有何作用？

（8）分析牵引电动机产生环火的原因。

（9）牵引电动机为了防止产生环火，在参数和结构上采取了哪些措施？

任务 2.2　牵引电动机的通风冷却

→ 布置任务

1. 掌握电机温升的概念
2. 掌握降低电机温升的方法
3. 了解电力机车牵引电动机冷却风路

→ 相关资料

电机发热对电机运行性能有很大影响，温度过高，将使绝缘材料损坏而丧失绝缘性能，以致影响电机的使用寿命，严重时甚至把电机烧毁。同时，过高的温度会引起电机零部件变形，直接影响电机的安全运行。

牵引电动机功率大，结构尺寸又受空间位置的限制，发热较为严重。其发热问题不仅直接关系到电机的使用寿命和可靠运行，也是决定电机额定容量的主要因素之一。为降低牵引电动机的温度，牵引电动机在材料、结构、工艺上采取了许多措施，大功率牵引电动机还采用专门的通风系统进行冷却。

1.电机的损耗和温升

1）脉流牵引电动机的损耗

直流牵引电动机在实现能量转换过程中，电机内部将产生机械损耗 P_Ω、铁耗 P_{Fe}、铜耗 P_{Cu} 和附加损耗 P_S 等 4 类损耗，这些损耗一方面使电机的输出功率减小、效率降低；另一方面，损耗最终都变为热能，使电机各部分温度升高，引起电机发热。

对于脉流牵引电动机，除了上述 4 类损耗外，由于电流和磁通中交变分量的存在，还会引起一些新的损耗，主要有：

（1）电流中交流分量引起的附加铜耗（$P_{Cu\sim}$）。附加铜耗大小与电流交流分量幅值的平方成正比，与电流脉动系数的大小有关。电流脉动系数越大，电流交流分量幅值越大，引起 $P_{Cu\sim}$ 越大。

（2）磁通中交变分量引起的附加铁耗（$P_{Fe\sim}$），包括主磁极磁通和电枢反应磁通的交变分量在铁磁回路中引起的铁耗。如果励磁绕组采用固定分路电阻，则励磁绕组中电流交流分量很小，主磁通交变分量可忽略不计。

因此，脉流牵引电动机的铜耗比直流供电时大。由于交流分量引起的各种损耗不但计算复杂，而且不易准确，因此这些损耗常用试验方法加以确定。根据试验，其数值约为电机额定功率的 1% 左右。

2）温升

电机运行时，电机中的损耗转变为热能，使电机各部分温度升高。当电机温度高于周围介质温度时，热量向周围散发。若电机产生的热量与散发的热量平衡时，电机的温度不再升高，维持稳定的温度。由于电机周围介质温度可能不同，所以电机各部分温度的高低并不能代表电机的发热和散热情况，温度高并不能表示电机的发热量大或散热不好。为了综合评价电机的发热和散热情况，在设计和使用电机时，通常以温升作为评价电机性能的指标。

电机某一部件的温度 t_2 与周围介质温度 t_1 之差，称为该部件的温升，用 θ 表示，即：

$$\theta = t_2 - t_1 \tag{2-6}$$

但是，电机的绝缘材料是根据耐热能力分级的，决定绝缘材料寿命的因素是温度而不是温升。为了统一两者之间的关系，设计电机时，必须规定一个周围介质温度，以便限制电机的温升，使电机运行时的温度不超过绝缘材料的允许温度。

根据牵引电动机的实际运行情况，我国规定冷却空气温度的标准值为 25 ℃，采用不同等级绝缘材料的电机各部件的温升限制值可参考表 2-2。

由于测温方法不同，对同一物体的温度可能测得不同的温度数值。因此在规定温升限值的同时，应规定具体的测温方法。牵引电动机常用的测温方法有温度计法、电阻法和埋置检温计法。

表 2-2　电机绕组和换向器的温升限值　　　　　　　　　　　单位：℃

电机部件	测量方法	绕组绝缘材料的不同相应于连续、小时或断续定额的温升限值				
		E	B	F	H	C
定子绕组	电阻法	115	130	155	180	200
电枢绕组	电阻法	105	120	140	160	180
换向器	温度计法	105	105	105	105	105

2. 电机的发热和散热

1）发热和稳定温升

电机运行时，由于电机内部几个热源同时发热，致使各部分的温度不同。为简化分析，可以将电机各部分看成是温度均匀的均质固体，即其内部没有温差，且该固体是表面均匀散热的理想发热体。

图 2-23 所示为均质固体的发热曲线，曲线表明物体发热时，其温升随时间按指数函数规律变化。开始发热时，物体与周围介质的温差较小，散发的热量较少，产生的热量大部分用以升高物体本身的温度，温度上升得较快。随着电机温度的升高，温差的增大，散发的热量逐渐增加，用以升高物体本身的热量逐渐减少，温度上升速度减慢。当发热体经过较长时间，温度升高到一定数值后，产生的热量等于散发热量，物体的温度不再升高，达到热稳定状态。此时，物体的温升称为稳定温升，用 θ_∞ 表示。

根据能量守恒定律，当物体温升达到稳定温升时，在任一段短暂时间 dt 内，该物体所产生的热量全部由其表面散出，即：

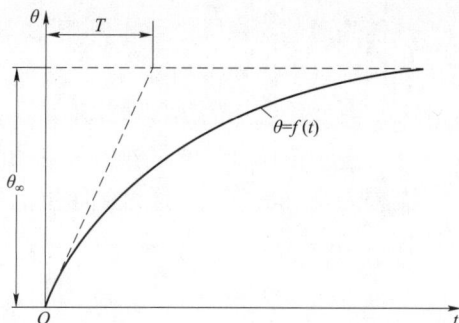

图 2-23　均质固体的发热曲线

$$Qdt = \alpha A \theta_\infty dt \qquad (2-7)$$

式中：Q——发热体在单位时间内产生的热量，即电机的损耗，W；

　　　α——表面散热系数，即每平方米表面积，每 1 K 的温度差，每秒时间内所散发的热量，W/（$m^2 \cdot$ K）；

　　　A——散热表面的面积，m^2。

由此可得：

$$\theta_\infty = \frac{Q}{\alpha A} \qquad (2-8)$$

由式（2-8）可知，稳定温升取决于物体产生损耗的大小，物体散热表面面积和表面散热系数。电机的损耗和负载大小有关，所以电机各部分的温升也取决于负载。负载大时，损耗增大，稳定温升也越高。散热系数和散热面积的乘积（αA）称为电机的散热能力，散热能力越大，散发的热量越多，稳定温升就越低。因此，降低稳定温升有两种方法，一是降低电机的各种损耗，二是提高电机的散热能力。

图 2-23 中 T 称为发热时间常数，是假设发热体热量不散失时，物体达到稳定温升所需的时间，即：

$$T = \frac{cG}{\alpha A} \qquad (2-9)$$

式中：G——物体的重量，kg；

　　　c——比热容，即 1 kg 物质温度升高 1 ℃时所吸收的热量。

从理论上讲，物体要在无限长的时间后（$t \to \infty$）才能达到热稳定状态。实际上当 $t=4T$ 时，$\theta = 0.982\theta_\infty$，可认为物体的温升已达到稳定温升。

实践证明，电机各部分的发热曲线和均质固体的发热曲线有相似的形状，因此，可根据式（2-8）来计算电机各部分的稳定温升。

　　2）散热

电机的损耗引起发热而使电机温度升高，当电机的温度高于周围介质温度时，热量开始向周围介质散发，称为电机的散热。

电机的散热过程是：发热体（产生损耗处）的热量先通过内部的传导作用传导到部件表面，然后再经过辐射和对流作用散发到周围介质。无论是热传导作用还是热散发作用，都必须有温差才能进行。图 2-24 所示为电枢槽内导体铜耗产生的热量散出情况，铜导体产生的

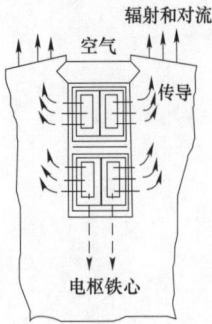

图 2-24 电枢槽内导体热能的传导和散发示意图

热能先通过绝缘层传到散热表面，再由散热表面将热能散发到周围空气中。

（1）绝缘层的热传导作用。

设一个厚度为 β 的绝缘层，如图 2-25 所示，绝缘层两边温差为 $\theta_{12} = t_1 - t_2$，通过绝缘层的热量为 Q。根据热路欧姆定律，则：

$$Q = \frac{\theta_{12}}{R_\beta} \qquad (2-10)$$

式中：R_β——绝缘层的热阻，可由下式计算：

$$R_\beta = \frac{\beta}{\lambda S} \qquad (2-11)$$

其中：β——绝缘层的厚度，cm；

S——绝缘层的面积，cm^2；

λ——导热系数，当绝缘层两表面之间温度为 1 K，经过 1 cm 厚的绝缘层的单位面积（1 cm^2）的热量，W/（cm·K）。

将式（2-11）代入（2-10），可得：

$$Q = \lambda \frac{S}{\beta} \theta_{12} \qquad (2-12)$$

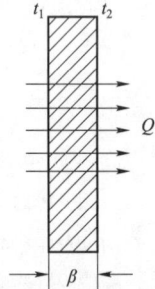

图 2-25 绝缘层热传导示意图

显然，通过绝缘层热量的大小，取定于绝缘层两边的温差、绝缘层的厚度和面积，以及绝缘材料的导热系数。温差越大，绝缘层面积越大，则通过的热量也越大；绝缘材料越厚，则热量越不容易通过。导热系数的大小，取定于材料。电机中常用材料的导热系数列于表 2-3 中。

表 2-3　电机中常用材料的导热系数

材料名称	导热系数λ/[W/（cm·K）]	材料名称	导热系数λ/[W/（cm·K）]
紫铜	3.5	云母片	0.002 4
铝	2.0	层压板	0.001
钢	0.63	硅橡胶	0.003
涂漆电工钢片	0.012	浸漆玻璃丝带	0.002 2
不涂漆电工钢片	0.425	静止薄空气	0.000 25

绝缘材料的 λ 值范围多在 0.002 左右。在选择电机绝缘结构时，应在保证耐压允许的条件下尽量将绝缘层做得薄些，使其易于导热。空气是不良导热体，静止薄空气的 λ 值仅为 0.000 25，约为一般绝缘材料的 10%。因此，线圈绝缘层内应尽量消除空气层。当在电机线圈外包几层绝缘时，要力求包紧并提高浸漆烘干质量，使线圈内及线圈与槽壁间尽量消除空

气层，以提高导热效果。金属的导热系数取值范围一般为 0.5～3.5，比绝缘材料要大几百倍，其热阻一般可忽略不计。

（2）表面层的热散发作用。

电机内部的热量，经热传导作用传递到部件表面后，再以辐射和对流的方式由表面层向空气散热，其散发的热量 Q 与表面层对空气的温差 θ 之间的关系为：

$$Q = \alpha A \theta \qquad (2-13)$$

散热量的大小，取决于散热表面积、散热表面与空气之间的温差及散热系数。散热系数与散热表面的性质及周围空气的流动情况有关，空气的流动情况分为自然对流和强制对流两种。

发热体在平静的大气中，热量主要以辐射和自然对流方式散发到周围介质中去，散热系数主要取决于发热体表面的性质和其与周围介质的温差。强制对流是由于风扇等外力的鼓风作用使空气流动起来而产生的对流。

电机采用通风冷却，可通过对发热电机的鼓风作用，增加散热系数，提高电机的散热能力。风速 v 在 4～45 m/s 范围时，散热系数可按经验公式计算，即：

$$\alpha = 30\sqrt{v} - 20 \qquad (2-14)$$

由式（2-14）可见，通风作用越强，风速越大，散热系数就越大，在同样热量下，电机的温升就越低。

为了降低电机的温升，除了在设计电机时降低电机的电磁负载，减小电机损耗外，更重要的是提高电机的散热能力，即增强电机内部的传热能力和电机表面的散热能力。

3. 牵引电动机的通风方式

1）根据冷却空气进入电机内部所依靠的力量分类

（1）自通风。由装在电机转轴上的离心式风扇鼓风。这种通风方式的优点是不需要附加设备，缺点是风量和风压随电机转速而变化。

（2）独立通风。由单独设置的通风机给电机鼓风。这种通风方式的优点是送入电机的风量、风压与电机运行情况无关；缺点是需要增设通风机、拖动机械、管道等辅助设备。

2）根据通风器（通风机、风扇）安装位置分类

（1）强迫通风。通风器装在空气的入口端，由通风器将空气压入电机内部，如图 2-26 所示。这时，电机内部的空气压力一般大于大气压力。

（2）诱导通风。通风器装在空气的出口端，由通风器将电机内部的空气抽出，如图 2-27 所示。

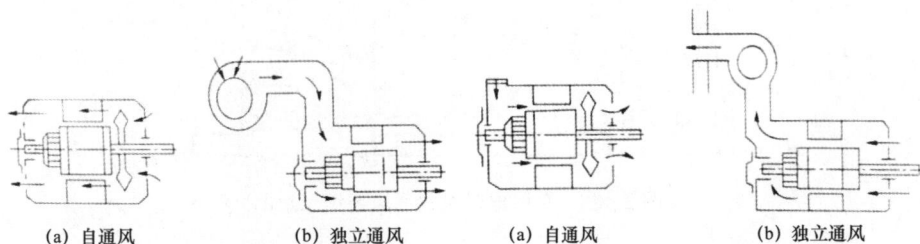

| (a) 自通风 | (b) 独立通风 | (a) 自通风 | (b) 独立通风 |

图 2-26　强迫通风示意图　　　　图 2-27　诱导通风示意图

3）根据冷却空气在电机中的主要流通方向分类

（1）轴向通风。冷却空气由电机的一端进入，另一端排出，在电枢内部沿转子铁心的轴向通风道流通。这种通风方式的优点是铁心结构紧凑；缺点是通风损耗较大，沿电机轴向的温度不够均匀。

（2）径向通风。空气进入电机内部，沿着电枢内的径向风道流通。这种径向风道是在压装电枢铁心时，每隔一定距离放置一片风道齿构成的。这种通风方式的优点是通风损耗小，散热面积较大，沿电机轴向的温度较均匀；缺点是径向通风槽使电机的轴向尺寸增大。

（3）轴向－径向复合通风。电机既有轴向风道也有径向风道，结合二者的特点设计，具有良好的通风效果，但结构复杂。

牵引电动机根据其结构特点和运行特点，通常采用强迫式独立通风，风道沿轴向布置，其理由如下：

① 牵引电动机功率大，尺寸受限制，因而它的电磁负荷较高，发热严重。因此，必须用强压的冷却空气加强它的散热。

② 牵引电动机负载的性质是断续的。在机车牵引和电气制动时，电机的电流较大，使电机迅速发热；在机车惰行和停站时，电机断电，是电机的散热间隙。独立通风可以充分利用断电间隙使电机冷却，为下一区间电机运行创造很好的条件。

③ 牵引电动机的轴向长度受轨距的限制，采用径向通风会增加电机的轴向长度。

近年来，在干线电力机车上，采用自通风的牵引电动机也引起了人们的关注。因为根据机车的运行特点，牵引电动机的实际温度达不到极限温度，满风量并不是长期需要的。另外，随着绝缘材料等级的提高及绝缘结构的不断完善、换向器升高片采用氟弧焊工艺等，使电机承受热过载的能力有所提高。所以，干线电力机车的牵引电动机采用自通风方式并非不可行。

4. 牵引电动机的通风结构和通风参数

牵引电动机的通风系统示意图如图 2－28 所示。冷却空气由换向器端上部进风口进入换向器室，然后分成两路：一路经换向器表面，电枢和主磁极之间的空气隙及主磁极、换向器之间的间隙，到非换向器端；另一路经换向器套筒的内孔道、电枢铁心内部通风孔道和电枢后支架到非换向器端。两路汇合后，由后端盖的排风孔排出。

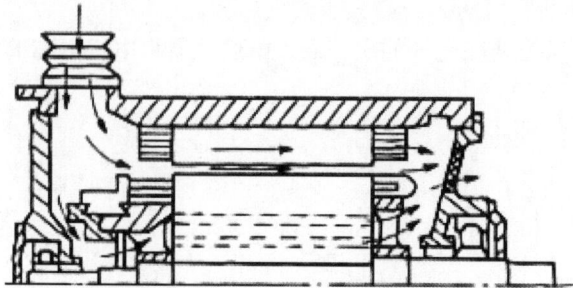

图 2－28　牵引电动机的通风系统示意图

这种通风结构，进风口开在换向器端，以利用换向器处的空间，使进入电机内部的平行气流分布均匀。但是，由电刷磨下的碳粉容易堆积在电机各线圈的缝隙里，使线圈的绝缘电阻降低。

采用强迫式独立通风的牵引电动机，内部的空气压力一般是大于大气压力的。电机工作时，电枢绕组后端接的"鼻部"起到了自通风的风扇作用，在靠近后端盖部轴承室附近的局部空间内的气压低于大气压力，形成负压，此负压与电机转速的平方成正比。负压的产生可能使齿轮箱的润滑油吸入电机轴承室，并进一步窜入电机内部，损害电机绝缘并使轴承发热。为此，ZD105 型牵引电动机除在后端盖外加装外油封外，并在后端盖上设有 8 个通大气孔，将产生负压的空间和大气相通，防止了窜油，提高了电机运行的可靠性。

牵引电动机采用强迫式独立通风时，为了使电机温升不超过允许值，必须引进一定的风量对电机进行冷却。引进风量太多，将大大增加通风辅助设备的容量；引进风量过小，又达不到预期的效果。冷却空气通过电机内各个风道时，均遇到阻力，要使一定的风量以一定的速度吹拂发热体的表面，必须在入风口处建立一定的风压，用来补偿电机内部风道中风阻引起的风压降。因此，风量、风压是牵引电动机的主要通风参数。

牵引电动机的通风风量和进风口风压，常常以制成的实际电机的风量和风压为参考加以确定。一般持续容量为 600～800 kW 的牵引电动机，所需风量大致在 105～120 m³/min 范围内，进风口压力约为 1 100 Pa。

学习工作单与考核表

任　　务	牵引电动机的通风冷却		
学习小组		姓名	
学习工作任务	学习工作任务完成评价		
工作任务 1：掌握电机温升的概念	自我评价	小组评价	教师评价
工作任务 2：掌握降低电机温升的方法	自我评价	小组评价	教师评价
工作任务 3：了解电力机车牵引电动机冷却风路	自我评价	小组评价	教师评价

→ 自测题

简答题

（1）为什么用温升而不直接用温度表示电机的发热程度？发热部件的稳定温升与哪些因素有关？

（2）什么叫温升？牵引电动机的温升高低与哪些因素有关？温升过高对电机有哪些影响？是不是电机的温升越低越好？

（3）电机的散热能力指的是什么？散热能力与哪些因素有关？如何提高牵引电动机的散热能力？

（4）电机的通风方式有哪些种类？牵引电动机通常采用哪种方式？为什么？

（5）为什么脉流牵引电动机比直流牵引电动机有较高的温升？ZD105 型脉流牵引电动机为了降低温升，在结构及工艺上采取了哪些措施？

任务 2.3 / 直流牵引电动机定额及材料

→ 布置任务

1. 认识牵引电动机的定额及定额数据
2. 掌握常用的电工材料
3. 掌握牵引电动机的绝缘结构

→ 相关资料

电机是实现机、电能量转换的机械，因此要由各种电量和机械量来表征其运行性能，电机的定额就是由电机制造厂按照国家技术标准要求，对电机全部电量和机械量的数值及运行方式所做的规定，表示了电机的运行特点和工作能力。规定定额的目的是能在试验台上验证电机的性能，作为评价电机的依据，以对不同电机进行比较，其还是应用部门正确使用电机的依据。

1. 牵引电动机的定额及定额数据

1）牵引电动机的定额

机车用直流电机的定额分为连续定额、小时定额、断续定额及等效定额 4 类，全部按定额运行称为"额定运行"。

（1）连续定额。连续定额是相应于电机在试验台上，按温升试验所规定的条件连续运行，且温升不超过规定限值时，所能承受负载的定额。

（2）小时定额。小时定额是相应于电机在试验台上，按温升试验所规定的条件，从实际冷态开始运行 1 h，而温升不超过规定限值时所能承受负载的定额。

（3）断续定额。断续定额是相应于一系列完全相同的周期，每一周期包括一个或几个在规定负载值下的工作时间，根据情况，不论是否被一个停止时间所隔开，在长期运行以后，电机的温升不超过规定限值的定额。

（4）等效定额。等效定额是断续定额的替代办法。它具有恒定电压、电流和转速值的连续或短时定额的作用，就温升而言，它与电机在实际使用中承受一系列断续的工作周期是等效的。

根据机车运行特点，牵引电动机负载的性质基本上是连续的和短时重复的。因此，牵引电动机规定了两个定额，即连续定额和小时定额。

2）牵引电动机的额定数据

在规定定额下，制造厂对电机的每个电量或机械量所规定的数值，称为电机的额定数据。牵引电动机所规定的两种定额下的额定数据含义如下。

（1）额定小时功率（P_{Nh}）。额定小时功率是指牵引电动机在规定的通风条件下，从实际冷态开始运行 1 h，各部件温升不超过允许值时，电动机轴上输出的有效机械功率。

（2）额定连续功率（$P_{N\infty}$）。牵引电动机在连续定额功率下工作，经过较长时间运行以后，电机温升在允许范围内不再增加时，电动机轴上输出的有效机械功率。

小时功率和连续功率在概念上的区别是：电动机从实际冷态开始在小时功率下运行 1 h，损耗产生的热量主要被电动机各部件所吸收。因此，小时功率的大小主要取决于电动机热容量的大小；电动机长时间运行后，损耗产生的热量全部由冷却介质散发出去，因此，连续功率取决于电动机的散热能力，通风效果越好，散发的热量就越多，连续功率也越大。

（3）额定电压（U_N）。额定电压是指在额定运行时电机的端电压。

由直流接触网直接供电的直流牵引电动机，其额定电压等于接触网的额定电压。对于通过机车上变压器—整流器整流—平波电抗器供电的脉流牵引电动机，其额定电压不受接触网电压的限制，可根据机车和牵引电动机在设计和运用方面最经济、最可靠的条件来选择，由用户和制造厂协商决定。

为保证牵引电动机正常可靠运行，铁路部门规定了电机的最高电压。对于由直流接触网供电的牵引电动机，最高电压规定为额定电压的 1.2 倍。对于通过机车上变压器—整流器整流—平波电抗器供电的脉流牵引电动机，最高电压规定为额定电压的 1.16 倍。

（4）额定电流（I_N）。额定电流是指电机在额定运行时，允许从电源输入的电流。牵引电动机的额定电流与额定小时功率和额定连续功率相对应，有额定小时电流 I_{Nh} 和额定连续电流 $I_{N\infty}$ 之分，它们和功率、电压的关系为：

$$I_{Nh} = \frac{P_{Nh}}{U_N \eta_h} \qquad\qquad （2-15）$$

$$I_{N\infty} = \frac{P_{N\infty}}{U_N \eta_\infty} \qquad\qquad （2-16）$$

式中：η_h——小时额定运行时的效率；

　　　η_∞——连续额定运行时的效率。

电机使用过程中不允许超过的电流称为最大电流。对于牵引电动机，最大电流规定为额定电流的 2 倍。

（5）额定转速（n_N）。

额定转速是指电机在额定运行时的转速。牵引电动机的额定转速是指与机车额定速度相对应的电动机转速（按机车轮箍处于"半磨耗"状态进行换算）。小时定额和连续定额下的额定转速分别为 n_{Nh} 和 $n_{N\infty}$。

牵引电动机的最大转速是指与机车正常运行时的最大速度相对应的电动机转速（按机车轮箍处于"半磨耗"状态进行换算）。

（6）串励电动机的励磁率。串励电动机的励磁率是指励磁绕组中的安匝数与该励磁绕组在相同电枢电流下所能得到的最大安匝数之比。

串励牵引电动机的励磁条件规定如下：

① 当通过励磁绕组的电流等于电枢电流时，为满磁场；

② 当电动机以使用中允许的最大励磁率运行时，为最大磁场；

③ 当电动机以比最大磁场较小的励磁率运行时，为削弱磁场；

④ 当电动机以使用中允许的最小励磁率运行时，为最小磁场；

⑤ 当电动机励磁绕组无并联的固定分路时，最大磁场和满磁场相等。

2．牵引电动机常用的电工材料

牵引电动机的运行条件十分"残酷"，不仅在体积、重量方面受到限制，而且还要承受轨道冲击，并在恶劣的环境下使用。因此，电工材料的选用对其运行性能、电气和机械强度有着非常重要的意义。常用的电工材料有导电材料、导磁材料和绝缘材料。

1）导电材料

用来制造牵引电动机线圈的导线、换向器的梯形铜排、引线电缆的电碳制品等均属导电材料。

（1）导线。导线有铜导线和铝导线两种。牵引电动机的线圈一般采用软铜导线，它是由含铜量在 99.9%以上的纯铜（或称紫铜）制成的硬铜线，经退火处理而得。它具有导电性能好（仅次于银）、电阻系数小、导热性和耐腐蚀性良好，在常温下有足够的机械强度、延展性良好、加工便利等一系列优点。

铜导线按外表面有无绝缘层分为裸铜线和电磁线两类。

① 裸铜线。裸铜线是一种表面没有绝缘层的导线。按其截面形状可分为扁铜线和圆铜线两种，扁铜线又可分为硬扁铜线（TBY）和软扁铜线（TBR）两种。牵引电动机的主磁极线圈常采用软扁铜线制成。

② 电磁线。电磁线是一种外表面带有绝缘层的导线。按耐热等级、绝缘材料类别、用途的不同可分为：普通漆包线、耐高温漆包线、纤维漆包线及特种漆包线等。

牵引电动机电枢线圈常用的电磁线有高强度聚酯漆包线、高强度聚酯亚胺漆包线、高强度聚酰亚胺漆包线、玻璃丝漆包线、玻璃丝包漆包线、高强度聚酰亚胺薄膜漆包线等。

（2）梯形铜排。牵引电动机的换向片采用由电解铜经冷技成型的梯形铜排制成，在牵引电动机中，为了提高换向片的耐磨性、耐弧性和机械性能，梯形铜排中常含有银、镉、铬、锆和稀土等。

（3）电碳制品。电碳制品用来制造牵引电动机的电刷，主要是由于它具有良好的导电性、极高的导热系数、耐高温，在有水蒸气的情况下，石墨具有润滑性好，化学稳定性好，只与很强的氧化剂作用等优点。

电碳制品由碳质材料、碳－石墨材料、天然石墨材料、电化石墨质材料和金属－石墨质材料等 5 类基本材料组成。

脉流牵引电动机运行状况是否良好，除取决于其设计和结构是否合理外，还与正确选用电刷的材料及结构有着密切的关系。因此，脉流牵引电动机广泛采用电化石墨电刷。

2）导磁材料

用来制造牵引电动机铁心的材料主要是电工钢片。电磁性能好的电工钢片在一定的频率和磁感应强度下具有低的损耗，在一定的磁场强度下具有高的磁感应强度。此外，加工性能、尺寸公差和表面质量等也是衡量电工钢片质量的指标。

普通电工钢片是由硅钢锭轧制而成的，含硅量一般在 0.8%～4.8% 之间，电工钢片按轧制方法分为热轧和冷轧电工钢片两种，按含硅量多少可分为低硅、中硅和高硅电工钢片 3 种。电工钢片常用厚度有 0.35 mm 和 0.5 mm 两种。牵引电动机的电枢铁心采用冷轧电工钢片，其厚度为 0.5 mm。

3）绝缘材料

牵引电动机使用了多种绝缘材料。由同一种或几种绝缘材料通过一定的工艺而组合在一起所形成的结构称为绝缘结构。牵引电动机中采用绝缘材料和绝缘结构，其基本作用是把具有不同电位的各带电部件以及带电部件与机座、铁心等不带电的部件隔开，以确保电流能按规定的路径流通。若电机中带电部件与机座、铁心等不带电的部件之间的绝缘被破坏，叫作电机"接地"。若电机中电位不同的带电部件之间的绝缘状态被破坏，叫作"短路"。接地和短路都是电机的故障状态，严重的绝缘损坏将导致整个电机烧损。

（1）绝缘材料的基本要求。

为保证电机可靠运行，避免发生接地或短路故障，对电机绝缘材料和绝缘结构的基本要求是：

① 应有良好的介电性能，即具有较高的绝缘电阻和耐压强度（绝缘的耐压强度是指1 mm 厚的绝缘材料在电压作用下不被击穿所能承受的电压值）；

② 应有良好的耐热性能，即不因长时间受热作用而失去它的介电性能和机械强度；

③ 应有良好的机械强度和耐磨性能（机械强度是指绝缘材料每平方厘米面积所能承受的拉力（kg）；

④ 应有良好的导热性、防潮性等。

（2）绝缘材料的分类。绝缘材料的种类很多，如天然绝缘材料和人工绝缘材料，有机绝缘材料和无机绝缘材料，或者用不同的绝缘材料组合而成的复合绝缘材料。

绝缘材料也可根据产品形态分为以下 6 类：

① 漆、树脂和胶类，包括浸渍漆、覆盖漆和环氧树脂等；

② 浸渍纤维制品类，包括漆布、漆管和绑扎带等；

③ 层压制品类，包括层压板、层压管和层压棒等；

④ 塑料类，包括粉末塑料和玻璃纤维塑料等；

⑤ 云母制品类，包括云母带、云母板和云母箔等；

⑥ 薄膜、粘带和复合制品类，包括薄膜、粘带和各种复合制品等。

上述绝缘材料的性能和作用是不同的，但都是电机绝缘结构中常用的材料。

　　牵引电动机运行时，其绝缘结构经常受温度、湿度、大气中的氧气。电场及机械振动的作用，特别是在温度的剧烈变化和长时间的热作用下，会使绝缘材料的性能逐渐变坏，最终完全失去绝缘性能（这种现象称为绝缘材料老化）。因此，为了在同一工作温度下，合理地选用绝缘材料，使牵引电动机在足够长的时间内能可靠地运行，通常将各种绝缘材料按其耐热性能来进行分级，也就是每一级的绝缘材料都规定了它的极限容许温度。如果牵引电动机各部分的温度不超过所选用绝缘材料的极限容许温度，则该电机能在足够长的年限内可靠运行。

　　绝缘材料的耐热等级见表 2-4，表中绝缘"级别"的符号是由国际电工协会规定的；"极限容许温度"是指电机绝缘结构中最热点的容许温度。表 2-4 中只列举了一些常用的绝缘材料，各种绝缘材料的名称、型号、规格、耐热等级、性能指标和主要用途可在电工手册或产品目录中查到。

表 2-4　绝缘材料的耐热等级

级别	极限容许温度/℃	绝缘材料类别和名称	用于牵引电动机中的绝缘材料的名称
B	130	（1）以云母片和粉云母纸为基础的材料 （2）聚酯薄膜和纤维 （3）玻璃纤维 （4）以矿物作填料的热硬性合成胶（环氧聚酯等）	（1）醇酸玻璃云母带 （2）环氧玻璃粉云母带 （3）玻璃柔软云母板 （4）醇酸玻璃柔软云母板 （5）环氧换向器粉云母板 （6）聚酯漆包线 （7）酚醛玻璃布板 （8）三聚氰胺醇酸漆 （9）环氧聚酯酚醛层压玻璃布板 （10）环氧聚酯酚醛无溶剂漆 （11）聚酯薄膜聚酯纤维纸复合箔（简称 DMD） （12）醇酸玻璃漆布 （13）聚酯薄膜玻璃漆布复合箔 （14）聚酯薄膜环氧玻璃坯布
F	155	（1）以环氧为基础的玻璃云母制品 （2）芳香聚酰胺纤维纸的复合材料	（1）硅有机环氧玻璃布板 （2）聚酯薄膜耐高温合成纤维纸复合箔（简称NMN） （3）环氧酚醛上胶玻璃漆布 （4）耐高温合成纤维纸 （5）环氧酚醛层压玻璃布板 （6）不饱和聚酯无溶剂漆 （7）聚酯浸渍漆 （8）硅有机塑型云母板

级别	极限容许温度/℃	绝缘材料类别和名称	用于牵引电动机中的绝缘材料的名称
H	180	（1）硅有机漆和硅有机云母制品 （2）硅有机橡胶制品 （3）聚酰亚胺薄膜的复合制品 （4）硅有机玻璃制品	（1）硅有机玻璃云母带 （2）硅有机玻璃粉云母带 （3）硅有机柔软云母板 （4）硅有机玻璃粘带 （5）硅有机玻璃布带 （6）硅有机浸渍漆 （7）硅有机石板塑料 （8）聚酰亚胺薄膜 （9）聚酰亚胺漆包线 （10）聚酰亚胺薄膜耐高温合成纤维纸复合箔（简称 NHN） （11）耐高温合成纤维纸 （12）聚二苯醚层压玻璃布板 （13）聚酰亚胺层压玻璃布板
C	>180	（1）聚二苯醚制品 （2）聚四氟乙烯 （3）聚酰亚胺薄膜或耐高温的硅有机漆包线	（1）二苯醚云母板 （2）聚酰亚胺浸渍漆 （3）聚酰亚胺薄膜

3. 牵引电动机的绝缘结构

牵引电动机的绝缘结构主要有匝间绝缘、层间绝缘、对地绝缘、外包绝缘、填充绝缘及衬垫绝缘、换向器绝缘。

1）匝间绝缘

匝间绝缘是指同一线圈的各个之间的绝缘。其作用是将牵引电动机各绕组中电位不同的导体互相隔开，以免发生匝间短路。属于这一类的绝缘有主磁极线圈和换向极线圈的匝间绝缘，电枢线圈的匝间绝缘及换向片的片间绝缘等。因为匝间的电位差不大，因此匝间绝缘所包扎的层数不多，厚度较薄。一般情况下，匝间绝缘只需包扎一层或仅靠导线本身所带绝缘（如漆包线，单丝或双丝高强度漆包线及薄膜导线等）即可。对于扁铜线绕制的线圈，也只垫 2～3 层漆布或复合绝缘。但匝间绝缘是牵引电动机绝缘结构中比较薄弱的环节，因此在线圈包扎成型或嵌线装配时，必须保证不损伤匝间绝缘。

2）层间绝缘

层间绝缘是指线圈上、下层之间的绝缘。其作用是防止线圈上、下层之间由于绝缘层损坏而引起层间短路。属于这一类的绝缘有分层平绕的主磁极线圈各层间的绝缘、电枢绕组前后端节部分及槽内部分上、下层之间的绝缘等。

3）对地绝缘

对地绝缘是指牵引电动机各绕组对机座和其他不带电部件之间的绝缘。其作用是把电机中带电部件和机座、铁心等不带电部件隔离，以免发生对地击穿。属于这一类的绝缘有主磁极线圈和换向极线圈的对地绝缘，电枢绕组的对地绝缘及换向器的对地绝缘等。电枢绕组在嵌线前预先放入槽内的槽衬绝缘和槽底垫条，称为槽绝缘，在绕组端部的为端部绝缘，在绕组端部与电枢前压圈之间的绝缘一般称为支架绝缘，这些都是对地绝缘。对地绝缘是牵引电动机的主绝缘，它的工作电压较高，所以它的电性能和热性能必须满足牵引电动机运行的要求。对地绝缘的层数和厚度，取决于绝缘材料本身的电气性能和牵引电动机的额定工作电压。在绝缘材料具有一定电气强度的条件下，牵引电动机的额定工作电压越高，对地绝缘包扎的层数（或绝缘厚度）也要求越多。

4）外包绝缘

外包绝缘是指包在对地绝缘外面的绝缘。其作用主要是保护对地绝缘免受机械损伤并使整个线圈结实、平整。当然，外包绝缘也起到了对地绝缘的补强作用。

5）填充绝缘及衬垫绝缘

填充绝缘主要用于填充线圈的空隙，使整个线圈牢固地形成一个整体，减少振动，也使线圈成型规矩、平整，以利于包扎对地绝缘，也有利于散热。

衬垫绝缘的主要作用是保护绝缘结构在工艺操作时免受机械损伤。例如 ZD105 型牵引电动机的电枢绕组，为了避免嵌线和打槽楔时损伤电枢绕组的绝缘，在槽底和槽楔下各垫一层 0.5 mm 厚的聚酰亚胺层压玻璃布板，作为衬垫绝缘。

6）换向器绝缘

换向器绝缘包括换向片的片间绝缘和换向片组对地绝缘。换向器的主绝缘是换向片组和压圈间的 V 形云母环及云母套筒。它们通常由多层优质虫胶塑型云母板经烘压压制而成，其厚度取决于牵引电动机的额定工作电压。

学习工作单与考核表

任 务	直流牵引电动机定额及材料		
学习小组		姓名	
学习工作任务	学习工作任务完成评价		
工作任务 1：认识牵引电动机的定额及定额数据	自我评价	小组评价	教师评价
工作任务 2：掌握常用的电工材料	自我评价	小组评价	教师评价
工作任务 3：掌握牵引电动机的绝缘结构	自我评价	小组评价	教师评价

简答题

（1）何谓电机的定额？牵引电动机为什么规定两种定额？

（2）何谓额定数据？牵引电动机有哪些额定数据？

（3）电机绝缘材料的作用是什么？对它有哪些要求？

（4）主磁极和换向极采用了哪些绝缘结构？

（5）电枢绕组采用了哪些绝缘结构？

（6）补偿绕组采用了哪些绝缘结构？

（7）换向器采用了哪些绝缘材料和绝缘结构？

任务 2.4　直流牵引电动机结构与维护保养

➡ 布置任务

1. 认识 ZD105 型牵引电动机的结构
2. 掌握电力机车牵引电动机的检查方法
3. 掌握电力机车牵引电动机的维护方法

➡ 相关资料

电力机车脉流牵引电动机的结构与普通直流电机基本相同，主要由静止的定子和旋转的转子两大部分组成。定子的作用是产生磁场、提供磁路和作为牵引电动机的机械支撑，其由机座、主磁极、换向极、端盖和轴承等部件组成。转子的作用是产生感应电势和电磁转矩，从而实现能量转换，其由转轴、电枢铁心、电枢绕组和换向器等部件组成。转子通过电枢轴承与定子保持相对距离，使两者之间有一个间隙，称为空气隙。此外，脉流牵引电动机还有一套电刷装置，电刷和换向器接触，以实现电枢电路与外电路的连接。

脉流牵引电动机由于发热严重，换向困难，所以它的某些部件具有特殊的结构型式。SS$_4$改型电力机车采用 ZD105 型牵引电动机（见图 2-29），ZD105 型牵引电动机结构如图 2-30 所示。

图 2-29　ZD105 型牵引电动机

1. 定子

脉流牵引电动机的定子主要由机座、主磁极、换向极、补偿绕组、绕组连接线等组成，ZD105 型牵引电动机定子如图 2-31 所示，ZD105 型牵引电动机定子装配如图 2-32 所示。

单位: mm

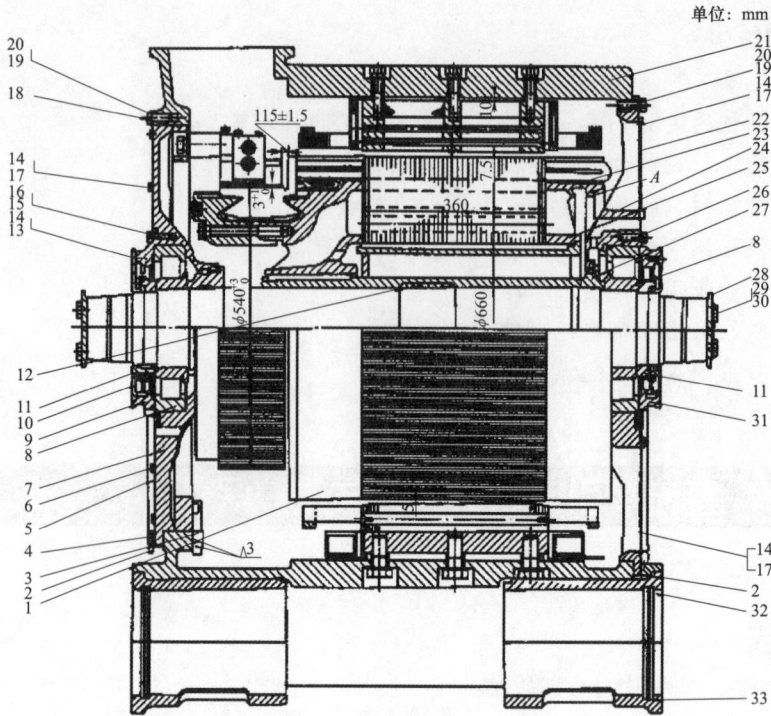

(a) 纵剖面图

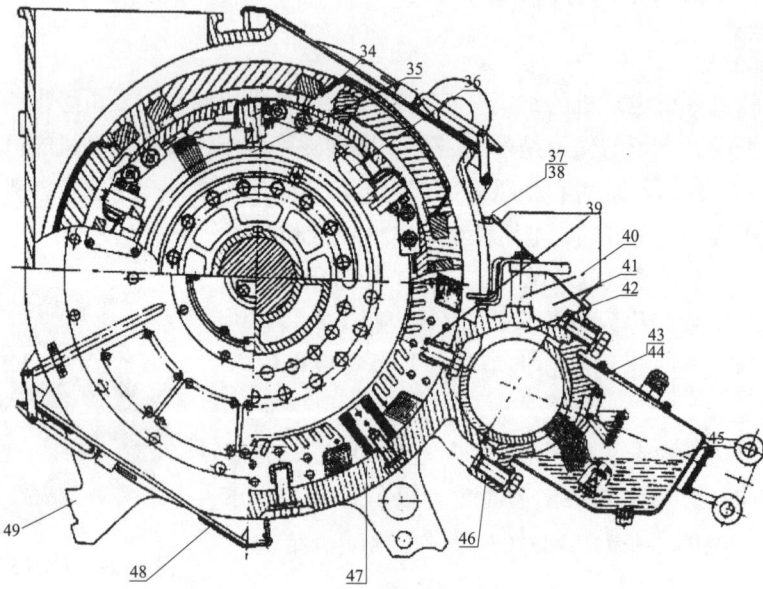

(b) 横剖面图

1—电枢；2—油杯；3—刷架圈定位装置；4—油管夹；5—前端盖盖板；6—排油管；7—前端盖；8—轴承；9—前端轴承盖；10—前端外盖；11—封环；12—电枢支架；13—螺栓；14—弹簧垫圈；15—螺栓；16—弹性垫圈；17—螺栓；18—刷架装置；19—螺栓；20—弹簧垫圈；21—定子装配；22—后端盖网孔盖板；23—预成型后支架绝缘；24—后端盖；25—电枢支架；26—后端内轴承盖；27—封环；28—挡板；29—螺栓；30—止动垫圈；31—后端轴承盖；32—上抱轴瓦；33—下抱轴瓦；34—上观察孔盖；35—刷握装置；36—补偿绕组；37—轴；38—开口销；39—主极一体化装配；40—出线盒；41—接线板；42—绝缘板；43—螺栓；44—弹簧垫圈；45—油箱；46—键；47—换向极一体化装配；48—下观察孔盖；49—吊杆座。

图 2-30　ZD105型牵引电动机结构

图 2-31　ZD105 型牵引电动机定子

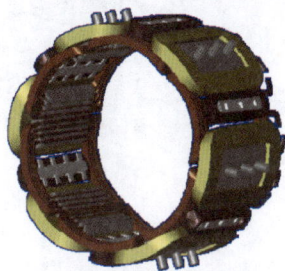

图 2-32　ZD105 型牵引电动机定子装配

1）机座

脉流牵引电动机的机座既作为安装电动机所有零件的机械外壳，又是联系各磁极的导磁铁轭。为了使有限的安装空间得到最佳利用，并使机座重量最轻（机座重量占牵引电动机总重量的 30%～35%），合理地选择机座形状十分重要。现代牵引电动机采用的整体式机座，通常有方形和圆形两种，牵引电动机机座形状如图 2-33 所示。抱轴式悬挂的 4 极牵引电动机通常采用方形机座，且主磁极布置大部分采用水平—垂直布置，如图 2-33（a）所示。这种结构可以合理地布置磁极，较好地利用转向架下部空间，但是机座较重，加工工艺比较复杂。6极或极数更多的牵引电动机大都采用圆形机座，如图 2-33（b）、（c）所示，虽然圆形机座的空间利用率不如方形机座好，但它可以减轻电机重量和简化加工工艺，因此，架承式悬挂和容量较小的牵引电动机通常采用圆形机座。

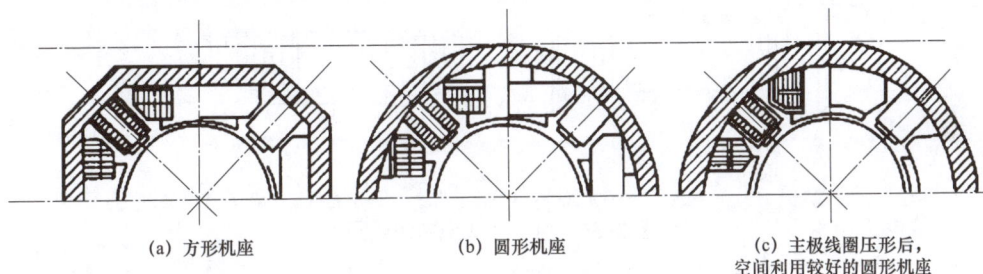

(a) 方形机座　　　　　　(b) 圆形机座　　　　　　(c) 主极线圈压形后，
空间利用较好的圆形机座

图 2-33　牵引电动机机座形状

牵引电动机的机座一般都采用导磁性能和机械性能良好的铸钢制成，为了保证电机运行性能良好，要求铸钢机座表面光滑，不允许有砂眼、气孔、裂缝及大量渣滓存在。在圆形机座中，有时为加工方便和使结构轻盈，也采用钢板焊接的机座。脉流牵引电动机的机座大都采用铸钢结构，为了改善脉动电压供电下的电机换向，在铸钢机座内壁敷设有磁桥，也可采用全叠片无机壳机座，机座由钢板叠片组构成。

2）主磁极

脉流牵引电动机的主磁极（简称主极）是用来产生主磁场的，它由主极铁心和主极线圈等组成，如图 2-34 所示。

为了降低电枢旋转时电枢铁心的齿和槽相对磁场移动所引起的磁场脉动在主极极靴表面产生的涡流损耗，主极铁心通常采用厚 1～1.5 mm 的钢板叠成，铁心两端用较厚的端板压紧，并用铆钉铆紧。主极铁心较窄的部分称为极身，以便有足够的空间安装主极线圈，扩大的部

(a) 结构　　　　　　　　　　　　(b) 外形

1—主极铁心；2—铁心端板；3—主极线圈；4—铆钉；5—铁心心柱；6—补偿绕组槽；7—主极线圈接头。

图 2-34　主极结构及外形

分称为极靴，其形状决定了气隙磁密和感应电势在空间的分布波形。为了抵消电枢反应的影响，防止牵引电动机产生环火，有些牵引电动机安装了补偿绕组，这时主极极靴部分带有齿槽结构，补偿绕组嵌放在主极极靴表面的槽内，并用特制的槽楔将其固定。

主极线圈的作用是通以直流电流而建立主磁场。在牵引电动机中，主极线圈大都采用扁铜线绕制而成。主极线圈的绕制方法有平绕和扁绕两种，平绕又称为宽边绕法，如图 2-35 所示，其特点是绕制方法简单，可一次成型，适用于多层、多匝线圈。由于这种结构能分层绕制，有利于线圈在机座内布置，使得空间利用较好，但其散热条件差。扁绕又称为窄边绕法，如图 2-36 所示，其特点是线圈结构紧密，在机械方面比较稳定，而且散热条件好，但其制造工艺比较复杂，需经过几次退火、整形处理。扁绕主要用于牵引电动机的换向极线圈。在功率较大的牵引电动机中，为了改善线圈的散热条件，主极线圈也有采用扁绕结构的。

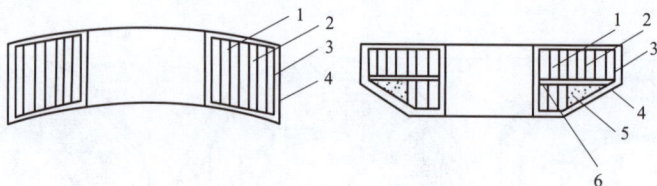

1—线圈；2—匝间绝缘；3—对地绝缘；4—外包绝缘；5—填充材料；6—层间绝缘。

图 2-35　用平绕法绕制的线圈

如图 2-35 所示，当主极线圈的绝缘结构为双层线圈时，还应加层间绝缘。对于圆形机座的主极线圈，为便于布置，都压制成弧形。

为便于主极线圈间的连接，主极线圈采用开口式和交叉式两种型式，如图 2-37 所示。它们在机座上交叉布置，以产生需要的极性。

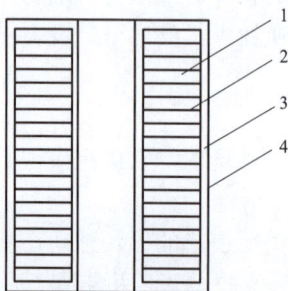

1—线圈；2—匝间绝缘；3—对地绝缘；4—外包绝缘。

图 2-36　用扁绕法绕制的线圈

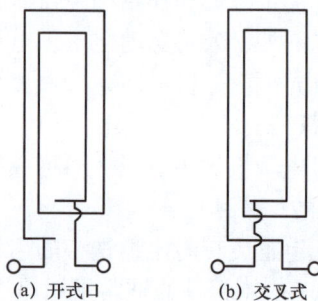

(a) 开式口　　　(b) 交叉式

图 2-37　主极线圈出线头示意图

制成的主极线圈套到主极铁心上，在两者的空隙处，填充聚砜纤维毡，再浇注环氧胶，使主极线圈与主极铁心牢固地粘合在一起，此称为一体化结构。采用一体化结构后，从根本上消除了因线圈和铁心相对活动而产生的绝缘磨损现象，提高了电机运行的可靠性。

3）换向极

脉流牵引电动机的换向极用来产生换向磁场以改善电机换向性能，其由换向极铁心和换向极线圈两部分组成。

在脉流牵引电动机中，为了减少换向极磁通的涡流和由此引起的对电机换向的影响，通常采用由电工钢片叠成的换向极铁心。

换向极极靴的形状和尺寸是由电机换向要求确定的，其形状决定了换向极磁场波形，对电机换向性能影响很大。

为了减少换向极的漏磁和降低换向极磁路饱和程度，在换向极铁心和机座之间增加了一个气隙，称为第二气隙。第二气隙由非磁性材料（铜板或层压布板）做的垫片构成，调整垫片片数，即可调节第二气隙的大小，以达到调整电机换向性能的目的。换向极极靴表面与电枢圆周表面的空气隙称为换向极气隙，也称为第一气隙。

换向极线圈一般采用扁铜线扁绕制成，换向极线圈的匝间、对地和外包绝缘与主极线圈的绝缘结构相同。线圈与铁心间也进行一体化浇注。

4）补偿绕组

为了改善脉流牵引电动机的换向，提高电机运行的可靠性，大容量的脉流牵引电动机设置了补偿绕组。补偿绕组跨嵌在相邻两个主极极靴槽内，补偿绕组如图 2-38 所示。

补偿绕组一般用扁铜线按同心式扁绕或平绕数匝而成。嵌放补偿绕组的主极铁心上的槽形为开口槽，为了不使主极导磁面积过分削弱，使用了磁性槽楔，中间嵌有绝缘条，如图 2-39 所示，以减少涡流的影响。开口槽有平行槽和向心槽两种型式，如图 2-40 所示。向心槽的缺点是，嵌线和检修都比较困难，补偿绕组的绝缘强度也较差。与换向极轴线平行的平行槽则解决了上述问题。

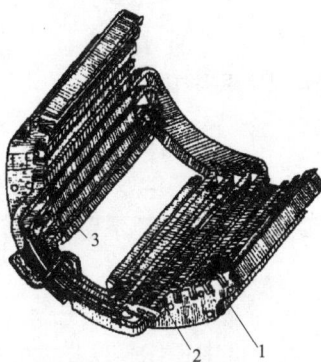

1—主极铁心；2—补偿绕组；3—槽楔。

图 2-38　补偿绕组

图 2-39　补偿绕组在主极铁心槽内放置

5）绕组连接线

为了便于调节牵引电动机的磁场和改变牵引电动机的旋转方向，总是将主极线圈单独接成一个电路，用电缆直接引出；换向极线圈、电枢绕组及补偿绕组串联成另一个电路，用电

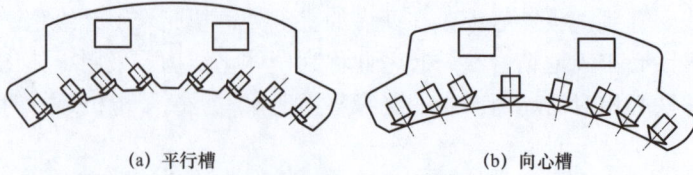

(a) 平行槽　　　　　　　　(b) 向心槽

图 2-40　补偿绕组槽形

缆引出，引出电缆的端头装有管形的铜接头。

ZD105 型牵引电动机绕组接线图如图 2-41 所示。ZD105 型牵引电动机的引出线有 4 根：非换向器端有 2 根主极线圈的引出线 D_1 和 D_2，换向器端有 2 根电枢电路（包括电枢绕组及电刷、换向极线圈和补偿绕组）的引出线 A_1 和 B_2，它们都固定在出线盒内的接线装置上。

从换向器端看，电流由引出线 A_1 经过 3 个并联的正电刷，流入电枢绕组，然后经过 3 个并联的负电刷流入换向极线圈和补偿绕组，最后由引出线 B_2 流出，如图 2-41（a）所示。在非换向器端，6 个主极线圈按 N-S-N-S-N-S 极性串联，电流由引出线 D_1（或 D_2）流入，由引出线 D_2（或 D_1）流出，如图 2-41（b）所示。定子绕组间的连接线均用线卡固定在机座内壁，以提高耐振性。

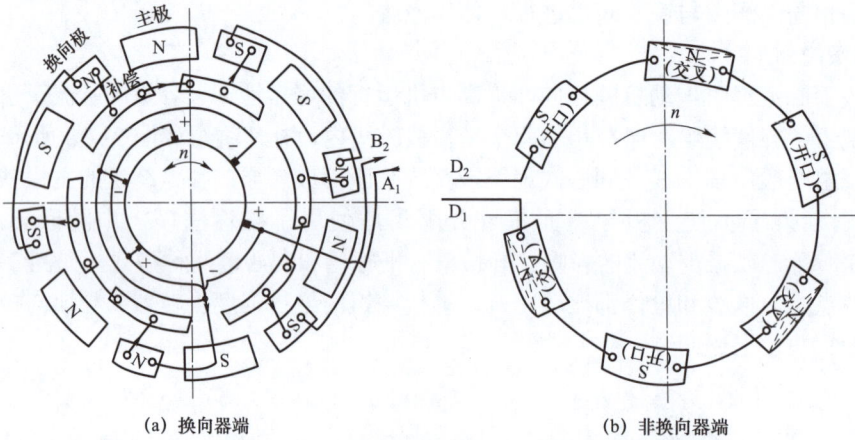

(a) 换向器端　　　　　　　　(b) 非换向器端

图 2-41　ZD105 型牵引电动机绕组接线图

2. 转子

直流牵引电动机的转子主要由转轴、电枢铁心、电枢绕组、换向器等组成，ZD105 型牵引电动机转子如图 2-42 所示。

1）转轴

转轴是牵引电动机中工作强度最大的部件之一，因为它不仅要传递牵引电动机产生的巨大转矩，而且还要经常承受很大的冲击载荷（特别是抱轴式牵引电动机），此时转轴将利用弹性变形来吸收大部分的冲击力。其弹性变形虽然不大，但经常反复变形会使转轴的材料产生疲劳，甚至出现裂纹或折损。同时，转轴上还安装着电枢铁心、换

图 2-42　ZD105 型牵引电动机转子

向器、滚动轴承内圈和小齿轮等零部件，使转轴经常存在着内应力。所以，用来制造转轴的钢材必须具有很高的机械强度和足够的韧性。电力机车牵引电动机的转轴采用优质合金钢，如铬锰钢和铬铝钢等。

由于转轴上沿轴向不同位置的负载大小不同，转轴需要做成不同的配合直径和不同截面的分级圆柱体，称为阶梯轴。为了尽可能消除转轴在弯曲和扭转下工作时的局部应力集中，在考虑轴的结构时，应将不同截面的转换部分减少，而且由一个截面到另一个截面的过渡应采用圆弧过渡，曲线半径应尽可能做得大一些。

电枢直径在 400 mm 以下时，电枢铁心、前后压圈及换向器套筒等部件是直接压装在转轴上的。电枢直径在 400 mm 以上时，电枢铁心、前后压圈及换向器套筒等部件是先装在电枢套筒上，电枢套筒再装在转轴上。这样做的优点是材料利用较好，而且在需要更换转轴时，不需要将电枢绕组与换向片焊开，其缺点是电枢套筒的加工工艺有很高的精确度要求。

转轴和各部分的配合除轴承内圈采用基孔制外，其他均采用基轴制。轴的加工应按 2 级精度的要求进行，表面粗糙度 Ra 要求在 0.8 μm 以下，截面转换半径处的表面粗糙度 Ra 要求在 3.2 μm 以下，轴颈处和锥度面的表面粗糙度 Ra 要求在 0.4 μm 以下。此外，轴端还加工有压油孔道，以供连接专用油泵。整个转轴加工完成后不允许表面有任何破坏性痕迹，在搬运和组装过程中，应采用软钢丝绳吊装而且要加装轴端橡胶保护套。

2）电枢铁心

电枢铁心是牵引电动机磁路的一部分，也是承受电磁力作用的部件。在电枢铁心圆周表面均匀开有电枢槽，槽内嵌装电枢绕组。由电枢铁心和电枢绕组构成了脉流牵引电动机的电枢，电枢绕组中流过电流，在磁场中受到电磁力的作用，使电枢旋转，把电能转换成机械能。可见它们是牵引电动机中实现能量转换的枢纽，因此称其为"电枢"。

当电枢在磁场中旋转时，定子上的 N、S 极磁通交替穿过电枢铁心，使电枢铁心中产生涡流和磁滞损耗。为了减少这些损耗的影响，电枢铁心通常用 0.5 mm 厚带绝缘层的冷轧电工钢片叠压而成，图 2-43 所示为牵引电动机电枢冲片的一种结构型式。电枢冲片上冲有电枢槽、轴孔、通风孔、键槽和标记孔。

在牵引电动机中，电枢槽一般做成开口的矩形槽，这样可以方便地把预成型的电枢线圈嵌放到电枢槽中。通风孔构成了电枢铁心内部的轴向通风道，使铁心内部能通过足够的风量，达到良好的散热效果。电枢槽和通风孔的数目应为磁极数的整数倍，并且在圆周均匀分

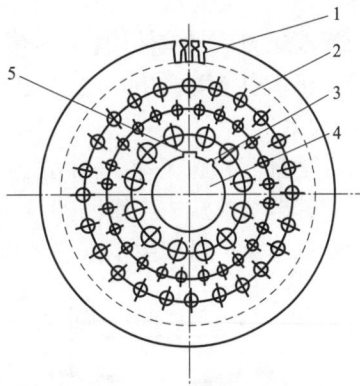

1—电枢槽；2—通风孔；3—标记孔；4—轴孔；5—键槽。

图 2-43　牵引电动机电枢冲片的一种结构型式

布，使电枢在任何位置时，电动机的磁路都完全对称，避免了磁通的纵向振荡。半圆形的标记孔是铁心叠装时用的定位标志，电枢冲片按同一面叠放，使叠片整齐，又可以提高铁心的叠压系数。

电枢铁心采用静配合安装在转轴或电枢套筒上。为了防止铁心端部的冲片边缘松散，铁心两端各有一块较厚的电枢端板，用数张 1 mm 厚的钢板点焊而成。

电枢铁心两端装有采用优质钢铸成的压圈，一方面作为电枢绕组的支架，另一方面把电枢冲片压紧，使电枢冲片保持固定的压力。换向器一端称为前压圈，前压圈与换向器套筒做成一体，非换向器一端称为电枢后压圈，采用静配合装在转轴或电枢套筒上。

3）电枢绕组

电枢绕组是脉流牵引电动机实现能量转换的部件，把电枢线圈嵌放在电枢铁心圆周的电枢槽中，按一定规律与换向器连接起来就构成了电枢绕组。

电枢绕组由许多绕组元件组成，绕组元件通常采用单丝或双丝薄膜导线制成。在牵引电动机中，通常采用单叠单匝绕组元件。为简化嵌线工艺，提高绝缘质量，将几个绕组元件包扎在一起，构成了电枢线圈，电枢线圈在嵌线前就做成成型线圈。

绕组元件在电枢槽内的放置分为竖放和平放两种，如图 2-44 所示。竖放工艺简单，所以一般都采用竖放。平放对改善电机换向有利，同时可以使绕组附加损耗减少，缺点是绕组元件和换向片连接时，需要将元件压扁或扭转，工艺比较复杂。

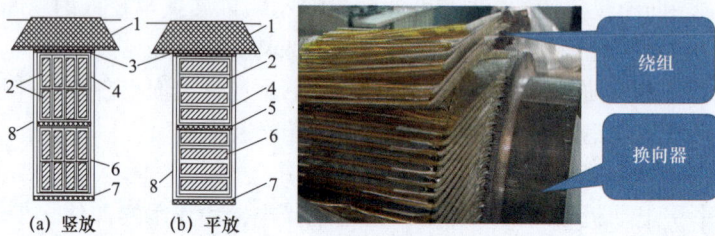

(a) 竖放　(b) 平放

1—槽楔；2—绕组元件；3、5、7—衬垫；4—对地绝缘和外包绝缘；6—匝间绝缘；8—槽绝缘。

图 2-44　绕组元件在槽内的布置

当电枢旋转时，电枢圆周的最大线速度可达 60 m/s 或更高，因此绕组元件将受到很大的离心力作用，为了防止绕组元件甩出，电枢线圈在槽内部分需用槽楔固定，目前采用较多的是环氧酚醛玻璃布板制成的槽楔。同样，电枢线圈的端接部分也受到离心力作用，必须用扎线来固定，在牵引电动机中，电枢线圈的端接部分通常采用无纬玻璃丝带绑扎。

4）换向器

换向器是直流和脉流牵引电动机特有的重要部件，其作用是在发电机状态下将电枢绕组中产生的交变电势整流成电刷间的直流电势；在电动机状态下将输入的直流电流逆变成电枢绕组中的交变电流，以产生单方向的电磁转矩。电机运行时，换向器既要通过很大的电流，又要承受各种机械应力。换向器工作情况的好坏，直接影响着电机的运行性能。

换向器是由很多相互绝缘的换向片组合而成的，有多种形式，现代牵引电动机大多采用拱式换向器，换向器结构如图 2-45 所示。

拱式换向器的主要零部件包括换向片、云母片、V 形云母环、绝缘套筒、换向器套筒、压圈和组装螺栓等，

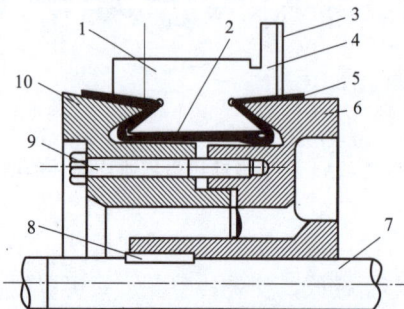

1—换向片；2—绝缘套筒；3—云母片；4—升高片；5—V 形云母环；
6—换向器套筒；7—转轴；8—键；9—换向器螺栓；10—压圈。

图 2-45　换向器结构

所有零部件全部固定在换向套筒上，然后将换向器套筒装配在转轴上。

换向片是换向器的导电部分，其工作表面与电刷滑动接触，既要传导电流，又要承受离心力、热应力、摩擦力、电火花和电弧作用，因此，换向片应具有良好的导电性能、导热性能、耐磨性能、耐弧性能和机械性能。在牵引电动机中，换向片采用含少量银的梯形铜排制成。换向片与电刷接触的部分称为工作部分，换向片上与电枢绕组元件连接的部分称为升高片，绕组元件引出线嵌入升高片槽中。

相邻换向片片间用云母片绝缘，云母片厚度为 0.8～1.5 mm，其形状和换向片相同，用衬垫云母板冲制而成。为了保证换向片尺寸的精确性，要求云母片只能含少量的胶质，它在温度为 20 ℃、压力为 60 MPa 的作用下，收缩率应不大于 7%。因为换向片的磨损比云母片快，故在组装好的换向器上，还必须将云母片下刻 0.8～1.5 mm，同时换向片两侧要倒角，如图 2-46 所示，以保证电机运行时电刷和换向器良好接触。

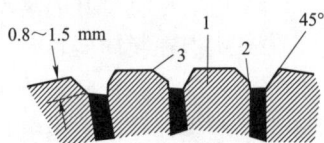

1—换向片；2—云母片；3—倒角。

图 2-46　换向片倒角及云母片下刻示意图

V 形云母环和绝缘套筒是换向器的对地绝缘，V 形云母环的形状如图 2-47（a）所示，为了向换向片传递径向压力，V 形云母环的着力锥面与轴线成 30°角，另一锥面虽然不传递压力，但为了便于脱模与轴线成 3°角。绝缘套筒的形状比较简单，一般做成圆筒形，如图 2-47（b）所示。

拱式换向器的紧固靠换向器套筒、压圈和组装螺栓来实现。换向器紧固后，在换向片燕尾上部（称为"3°面"）与 V 形压圈之间有 0.5～1.0 mm 的间隙，所以，紧固力均匀分布在燕尾部下表面（称为"30°面"）上，可以用集中力 N 表示，N 可分解为水平分力和垂直分力，换向器受力分析如图 2-48 所示。分力 P_x 通过换向器套筒和压圈作用于换向片上，用来夹紧换向片。分力 P_y 作用于每个换向片中心，又可以分解为两个分力 P_z，作用于换向片两个侧面产生拱压力，使换向器成为一个紧固的整体。

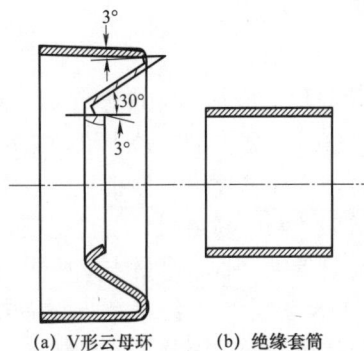

（a）V形云母环　　（b）绝缘套筒

图 2-47　V 形云母环和绝缘套筒

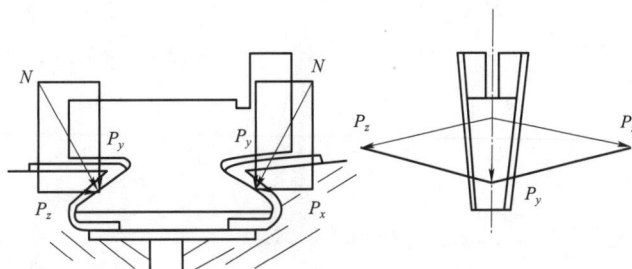

图 2-48　换向器受力分析

牵引电动机的换向器采用长螺栓紧固，螺栓采用优质合金钢（铬钼钢）制成，能够利用弹性变形来抵消换向片由于通过电流而引起的热膨胀。

换向器制造工艺对换向器运行质量有很大影响，为了使换向器在实际运行中经得起温度和转速不断变化的考验，在装配过程中采用动压成型工艺，装配好的换向器需要经过静平衡、耐压和超速试验，以保证运行时状态良好。

3. 电刷装置

脉流牵引电动机的换向器端装有电刷装置，其作用是使转动的电枢绕组与外电路连接起来。电刷装置由连接线、刷握、锁紧装置和刷架圈等组成，如图2-49所示。电刷装置的结构和电刷的性能对牵引电动机换向性能影响很大，为了保证良好的换向效果，电刷装置应满足以下要求。

（1）电刷应有良好的集流性能和换向能力。

（2）刷握在换向器轴向、径向和切线方向位置都能调节。轴向调节是为了保证电刷处在换向器中央部位；径向调节是为了保证刷盒底面与换向器表面的距离；圆周方向调节是为了保证电刷准确地处在主极中心线上。

（3）电刷和换向器工作表面应保持紧密和可靠的接触，电刷压力稳定并保持均匀不变。

（4）电刷装置应具有较高的机械强度，并能承受振动和冲击。

（5）刷杆等绝缘零件应有较高的介电强度，不因受潮、受污而造成闪络或飞弧故障。

单位：mm

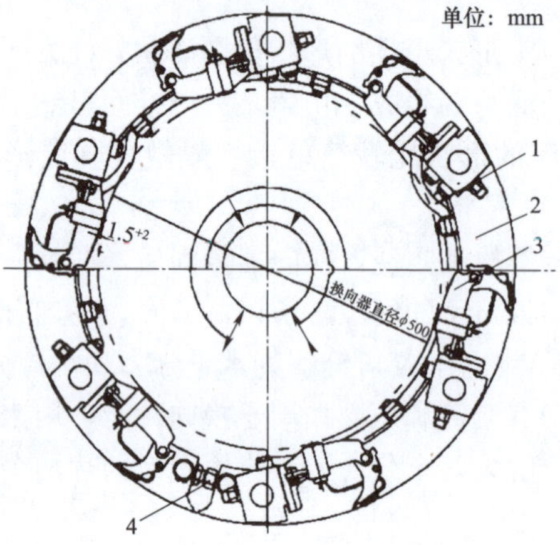

1—连接线；2—刷架圈；3—刷握；4—锁紧装置。

图2-49　电刷装置

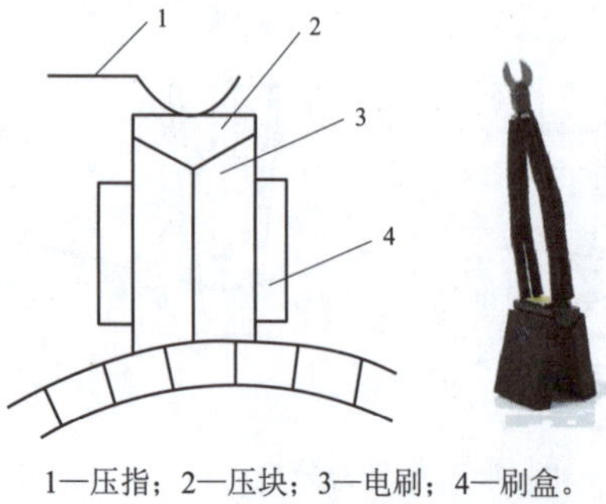

1—压指；2—压块；3—电刷；4—刷盒。

图2-50　双分裂式电刷示意图

目前广泛采用电化石墨电刷，ZD105型（脉流）牵引电动机采用国产D374B型电刷，该电刷电阻率高、多孔、换向性能好、电流密度大，但机械强度较差，磨损较大。为了增加换向回路电阻和改善电刷与换向器的接触，提高电刷的耐磨性，牵引电动机采用双分裂式电刷，如图2-50所示。其结构是将两块电刷放在同一刷盒中，压指压力通过三角形压块加在电刷上，由于三角形压块有120°角，对下面的两块电刷产生向外推力，一方面使两块电刷之间保持一定的间隙，加大了换向元件回路的横向电阻；另一方面使两块电刷受力均匀，防止平头电刷产生的偏磨现象。同时，由于每块电刷质量小、惯性小，使电刷和换向器接触良好。电刷顶部的三角形压块采用橡胶制成，还可吸收电刷的振动，改善电机换向性能。电刷刷辫由柔韧的电刷线制成，电刷通过刷辫直接与刷握架连接，防止电流通过弹簧压力装置而引起弹簧退火。

刷握由刷盒（刷握体）和弹簧压力装置组成，如图 2-51 所示。刷盒用机械强度较高的硅黄铜制成。电刷在刷盒中应能自由地上下移动，但不应有过大间隙，间隙过大会造成电刷在刷盒中摆动，特别是牵引电动机需要正、反两个方向旋转，电刷在刷盒中产生不同方向的倾斜，如图 2-52 所示，会造成电刷与刷盒壁接触处的局部磨损，同时，使电刷与换向器局部接触表面的电流密度增大，造成电刷边缘过热和换向恶化。所以，牵引电动机的电刷和刷盒的尺寸应十分精确。

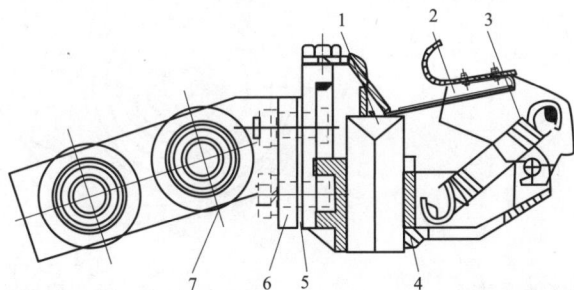

1—电刷；2—压指；3—弹簧；4—刷盒；5—垫片；6—刷握座；7—刷杆。

图 2-51　刷握结构图

电刷压力由刷握的弹簧压力装置产生，电刷接触压力对电刷工作性能有很大影响。牵引电动机运行中受到很大的振动和冲击，所以电刷压力应较一般固定在地面运行的电动机大一些。对于抱轴式悬挂的牵引电动机，电刷压力不应小于 44 kPa；对于架承式悬挂的牵引电动机，电刷压力不应小于 34 kPa。刷握的弹簧压力装置，按所采用的弹簧型式可分为立卷弹簧压力装置和涡卷弹簧压力装置两种结构。立卷弹簧压力装置包括压指和螺旋形拉伸弹簧两部分，压指在弹簧力作用下，通过杠杆作用，对电刷施加压力。这种结构的机械电刷在刷盒中的摆动稳定，更换电刷方便，但拉伸弹簧的弹簧力随拉伸长度变化较大，故随电刷磨耗而引起的电刷压力变化较大。为此，许多国家对刷握结构进行了改进，目前业界已广泛采用恒压刷握结构。

恒压刷握大多采用涡卷弹簧压力装置，如图 2-53 所示。涡卷弹簧用经过热处理的高碳钢制成，整个卷曲长度上产生均匀的压力，当电刷磨损时，涡卷弹簧仅扭过很小的角度，保证了电刷压力基本不变。同时，电刷压力还可以利用棘轮装置加以调节，当弹簧调节到所需要的压力时，用开口销固定。

刷握的安装位置取决于主磁极的布置方式和电枢绕组元件的型式。当电枢绕组具有对称元件时，刷握应沿着主磁极中心线放置。

刷握与刷握架之间借助螺栓固定。配合表面间垫有垫片以调节刷握在圆周方向的位置；配合面上有两个椭圆形的螺栓孔，用来调节刷握与换向器表面的相对位置。

刷握架有两种固定方式：一种是固定在绝缘的刷杆上，刷杆直接固定在机座上；另一种是刷杆先固定在刷架圈上，然后将刷架圈固定在前端盖和机座之间。现代牵引电动机大多采用刷架圈固定结构。

刷架圈是一个开口的钢制圆环，其端面上有若干对螺孔，每对螺孔通过绝缘的刷杆固定一组刷握。刷架圈的开口处装有锁紧装置，它是一个具有左、右螺纹的双头螺栓，可以放松

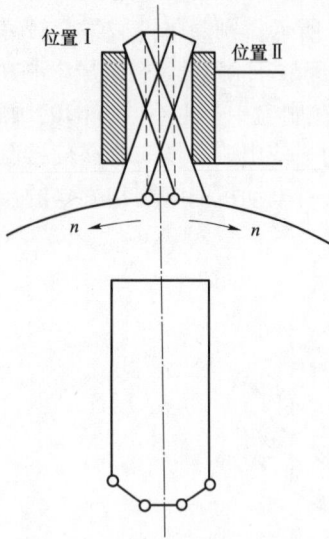

图2-52 电刷在刷盒中的摆动

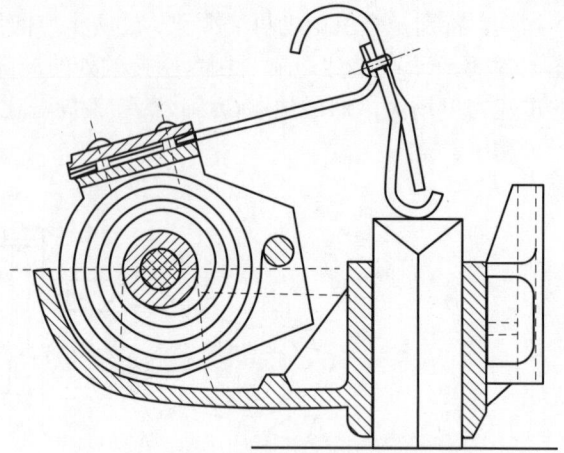

图2-53 涡卷弹簧压力装置的刷握

或收紧刷架圈。当双头螺栓使开口缩小时，刷架圈可以转动，便于更换电刷或维护电刷装置，当双头螺栓使开口张开时，可以使刷架圈固定。

刷杆既是刷握的支承部件，又是刷握和刷架圈之间的绝缘部件。其绝缘体有瓷质绝缘子、

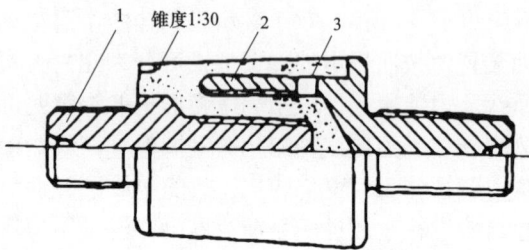

1—螺杆；2—螺纹套；3—酚醛玻璃纤维。

图2-54 用酚醛玻璃纤维压制而成的刷杆

酚醛玻璃纤维和合成树脂等几种，图2-54所示为用酚醛玻璃纤维压制而成的刷杆。由于刷杆直接暴露在空气中，工作条件极差，所以要经常保持绝缘表面的清洁和光滑，如果绝缘表面被碳粉、油脂等污染，很容易产生爬电和飞弧将绝缘表面烧坏。为了提高刷杆的耐弧性，在刷杆外再热套一个厚度为3 mm 左右的聚四氟乙烯套。聚四氟乙烯在承受电弧时，表面微小分子在瞬间蒸发所产生的气体有消弧性，能去掉表面的污垢，使表面能经常保持纯白色，同时，由于其表面光滑，不易沾染油脂和灰尘。

4. 电枢轴承和抱轴轴承

1）电枢轴承

脉流牵引电动机的转子通过两个电枢轴承和端盖支撑在机座上。现代牵引电动机大多采用承载能力大的滚柱轴承。

电枢轴承除了承受径向负载外，还承受在道岔及曲线上运行时由于电枢振动所产生的轴向负载，所以在单边传动的电动机中，一般在传动侧（非换向器端）采用向心轴承，而换向器侧采用推力轴承，由它承受轴向负载。双边传动时，一般采用斜齿轮传动，理论上所有的轴向力在齿轮上被抵消了，所以两边都可以用向心轴承，但实际上，为了在试验台上进行试验，还是装了两个单向止推轴承，对称（向两个不同的方向）地装在电枢轴上。

选择牵引电动机滚柱轴承的型式时，要力求拆装方便，轴承结构应该在电机拆装时，不需要将轴承外圈（连同滚柱）由端盖拆下，也不需要将轴承内圈由轴上取下，所以一般采用双缘外圈的轴承。

轴承内圈一般采用静配合装在转轴上，加热温度不超过 180 ℃；轴承外圈采用过渡配合装在端盖的轴承孔内。

滚柱轴承用黏度高的中性润滑脂，为了防止轴承室中的润滑脂泄漏，以及脏物侵入轴承室并进一步窜入电机内部，玷污电机，损害电机绝缘并使轴承发热，往往采用各种类型的油封将轴承室密封。牵引电动机主要采用曲折油封。曲折油封又称为迷宫式油封，其分为水平曲折和垂直曲折两种，垂直曲折油封如图 2-55 所示。它是在不动的轴承盖的凹部与旋转的封环（或轴套）之间组成了许多垂直油障。这种曲折间隙的形状非常复杂，所以对空气和液体都有很大的阻力。曲折油封的优点是没有任何受磨损的部分，但需要保持所有孔隙的精确性，故所有零件应制造得非常精确。

为了在牵引电动机不解体的情况下补充润滑脂，轴承室设有补充润滑脂的加油管。

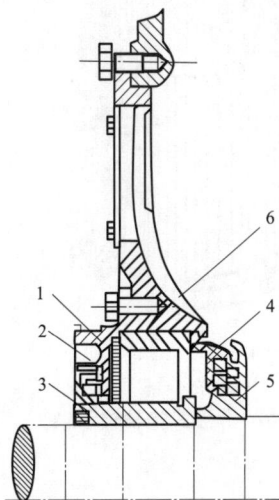

1—外轴承盖；2—挡油板；3—油环；
4—内轴承盖；5—轴套；6—端盖。
图 2-55 垂直曲折油封

2）抱轴轴承

抱轴式悬挂牵引电动机的抱轴轴承是将电动机支承在动轮轴上的凸出结构，其可采用滑动轴承或滚动轴承。在目前技术条件下，动轮轴上安装滚动轴承还有困难，所以一般采用滑动轴承。

抱轴式滑动轴承由轴瓦、轴承盖和油箱等组成。为拆装方便，轴瓦做成图 2-56 所示的分裂式，上轴瓦直接紧贴在机座的抱轴轴承座内壁上，下轴瓦具有供给润滑油的方孔，安装在可拆装的抱轴轴承盖内。轴瓦体有锡青铜和钢背两种，为了增加轴瓦的耐磨程度，在轴瓦体内表面浇铸一层厚约 3 mm 的轴承合金。轴瓦和动轮轴的配合面应有足够的间隙，使润滑油能流入间隙形成润滑油膜，为此，抱轴轴承的径向间隙为 0.3～0.8 mm。

抱轴轴承的轴承盖由铸钢制成，为了减轻重量，油箱可用钢板焊成后再焊到轴承盖上，抱轴轴承的组装如图 2-57 所示。轴承盖和机座的配合面采用过渡配合，并与轮轴垂直中心面有倾斜角，使电动机可靠地支承在动轮轴上。轴承盖与机座用螺栓固定，螺栓用经过热处理的 45 号钢制成，以保证螺栓有足够的机械强度。

由于抱轴轴承部分的检修十分困难，所以抱轴轴承的润滑装置应非常可靠。目前，牵引电动机应用较广的润滑方式有垫毡润滑和强迫油循环两种方式。在最简单的垫毡润滑系统中，油箱内的润滑油通过集油器上的垫毡（由细毛毡或羊毛线组成）的毛细管作用被吸收到动轮轴轴颈上，拉力弹簧能保持吸满润滑油的垫毡始终紧贴在动轮轴轴颈上，以保证可靠的润滑作用。油标尺可以检查出油箱内润滑油的高度，平时应注意油面高度是否符合要求，防止因缺油引起轴承过热或燃轴事故。

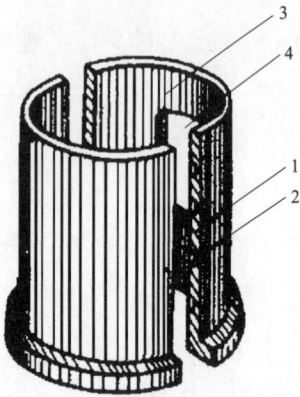

1—轴瓦体；2—轴承合金；
3—油槽；4—润滑孔。

图 2-56　分裂式抱轴轴承轴瓦

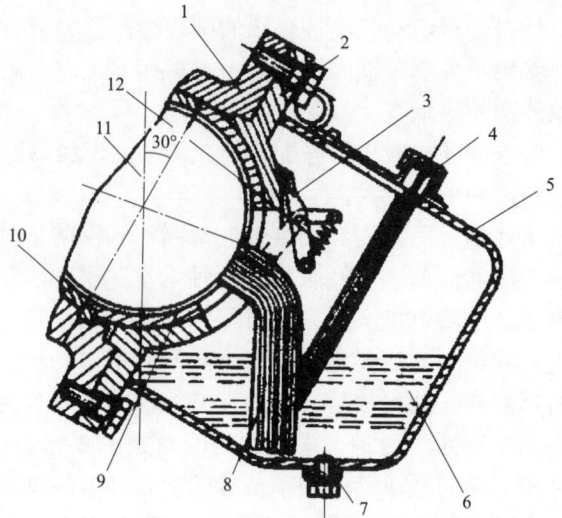

1—机座；2—轴承盖；3—集油器；4—油标尺；
5—油箱体；6—润滑油；7—油堵；8—毛线；
9—下轴瓦；10—上轴瓦；11—动轮轴；12—拉力弹簧。

图 2-57　抱轴轴承的组装

5. 牵引电动机维护保养

牵引电动机恶劣的工作条件主要表现在：负载变化大；承受来自轮轨的冲击力；使用环境恶劣；由单相整流器供电，电流是脉动的。要使电机在运行过程中保持良好状态，必须进行正确的操作和维护保养，才可减少电机的故障，延长其使用寿命以获得机车的高运转率。

1）换向器的维护保养

换向器是直流电机的重要部件，它在高速旋转时的机械稳定性及其表面氧化膜的状态对电机换向性能的影响很大。

（1）应经常注意观察换向器工作表面。许多牵引电动机的故障在尚未造成破坏前，可以根据换向器表面的异常状态早做诊断，找出故障原因和部位，及时进行处理。

正常的换向器表面应当是棕黄色的，在手电筒的光照之下，能反射出光泽，有一种油润感，这是换向器表面的氧化膜与碳膜的膜层。氧化膜是在一定温度、湿度环境条件下生成的一层氧化铜和氧化亚铜的混合膜。其厚度和颜色深浅与电刷接触状态、温度高低、空气污染程度有关。若空气有污染或缺氧，则不易形成氧化膜，甚至已形成的氧化膜会遭到完全破坏。碳膜层则是吸附在氧化膜上的一层电刷炭微粒。由摩擦而产生的电刷炭微粒，在电刷与换向器间的电场作用下，到达并吸附在换向器表面。

（2）不正常的换向器薄膜。直流和脉流牵引电动机在换向不良、内部发生故障或者在高原缺氧、干燥及周围空气中有某种化学气体的环境中运行时，都会使换向器表面薄膜遭到破坏，出现异常状态。不正常的换向器薄膜，主要有以下几种。

① 黑片。黑片是指换向片工作表面出现无光泽的黑膜。这是因为当火花达到一定程度时，其热效应引起铜和碳的气化，使钢表面变得粗糙，而出现无光泽黑膜。如果整个换向器表面都发黑，电机在正常运行时，火花达到 2 级或以上，此时必须对该电机进行换向调整。通常换向器表面只是部分换向片发黑，发黑分为有规律和无规律分布两类。

a）有规律分布的黑片。有规律分布的黑片是指沿换向器圆周，按一定的间隔距离，在换向器表面出现的黑片。

按槽节距分布的黑片。如每槽有 4 个元件的电枢，在换向器表面上出现隔 3 片有 1 片换向片发黑，通常是与电枢槽中最后换向的电枢元件相连的换向片发黑。这是因为当一个槽内有几个元件同时换向时，槽内最后一个元件储存的电磁能量的散失比其他几个元件更为困难，在换向结束时，集中于最后一个元件中的电磁能量，无法通过互感由其他元件吸收，因而产生火花使换向片烧黑。产生这种现象的原因主要有：电刷或换向极分布不等分；电刷不在主极中心线上；换向极气隙特别是第二气隙不合适；换向极绕组或补偿绕组匝间短路等。

与均压线相连的换向片发黑。这是由于均压线电流过大引起的。原因可能是励磁绕组发生故障（断线、匝间短路等），使主磁场差别很大，则均衡电流就很大；或是采用了不同牌号的电刷，接触电阻不同，使并联支路电流相差较大，均压线电流增大。

沿换向器表面对称地出现成组几片换向片发黑。这种黑片现象可能是换向器因机械缺陷或过热而产生较大的变形，引起换向器表面局部跳动量过大所致。因为局部跳动量大时会使电刷跳离换向器工作表面，可能产生覆盖几片换向片的电弧。电刷压力偏低时也可能造成换向器表面局部几片成组发黑。

b）无规律的换向片发黑。换向器工作表面上无规律的换向片发黑，大多是由于机械方面的原因使电刷与换向器表面接触不良引起的。如电刷压力不够；电刷在刷盒中活动不灵活；个别换向片或云母片凸出；电枢动平衡不好；换向器表面有油污等。

② 条纹和沟槽。

条纹是指沿换向器圆周表面形成的有明暗色调变化的平行圆环，其宽度是不规则的。

条纹的继续发展会在换向器表面产生沟槽。条纹的形成是由于电刷接触面上局部电流比较集中或电刷的机械摩擦作用，使局部薄膜变薄或消失而造成的。电刷接触面上沉积有铜粒子，或者电刷成膜性能差、结构不均匀、含有较硬的杂质等，均易引起条纹，甚至发展成沟槽。

③ 电刷轨痕。

这是指平行的电刷轨道之间在色调上的不同。其主要原因有：同一刷握内各并联电刷之间的电流分配不均匀；电刷压力相差太大；并联电刷牌号不同；电刷高度相差太大；个别电刷与刷盒连接不良等。

④ 铜毛刺。

铜毛刺是指在换向片边缘出现像碎片一样的毛刺，它们逐渐发展成薄钢片延伸至云母槽内。铜毛刺继续发展，会使相邻的换向片短路，此时铜薄片被烧掉，在两换向片边缘处出现一些麻点，严重时，可能引起环火。

铜毛刺是由于电刷滑行过程中的压延作用和电刷振动时的锤击作用形成的。如果换向器表面没有形成薄膜层，电刷的摩擦作用显著增加，在此机械力的作用下，容易发生铜毛刺。此外，电刷在刷盒中间隙过大，运行时电刷接触面过小（有时只有 30%），从而使电刷下电流密度和单位压力大幅度增加，换向器表面由于过热而产生铜退火，这时因压延作用易产生铜毛刺。

⑤ 换向器表面高度磨光。

这是指换向器表面的氧化膜被摩擦掉，露出本色，抛光发亮，像镜面一样。此时，电刷与换向器之间的接触电阻减小，附加换向电流 i_K 增大，从而使电机换向恶化。同时，由于电刷与换向器之间的摩擦增加，电刷会产生高频振动和异常磨耗，严重时，只运行几百公里换向器就磨损到限。

高度磨光是由于多种外因作用，破坏了换向器表面氧化膜层而形成的。如长期在低负载下工作；严寒条件下换向器表面积有冰霜；在干旱风沙地区运行等。此时应设法找出破坏氧化膜的原因，重建氧化膜，必要时可选用经过特殊处理，含有帮助建立氧化膜物质的电刷。

总之，换向器表面状态反映了电机运行是否正常。因此，在电机运行时，应当经常注意和检查换向器的表面状态，观察薄膜的变化情况，许多牵引电动机的故障在尚未造成破坏前，往往可以根据换向器表面的异常状态来进行早期诊断，找出故障发生的原因和部位，及时进行处理，以保证电机正常运行。

（3）经常用干燥的压缩空气吹扫换向器表面，如有油垢，可用浸有少量酒精或丙酮的无毛抹布揩拭干净，并注意不要用不干净的手去触摸换向器表面或更换电刷；如换向器表面有较明显烧损痕迹而用无毛抹布揩拭无效时，可用 0 号玻璃砂布进行擦拭，但是特别严重的拉伤或烧损，不能用该方法处理，需进行光刀处理。

（4）检查换向器 V 形云母环伸出部分的表面状态，应经常保持该部分清洁，如有烧痕，应用玻璃砂布把烧损处打磨干净后，涂以绝缘漆。

2）电刷装置的维护保养

电刷装置是电机的重要部件之一，其质量的好坏直接影响电机的换向性能，因此，必须对它有足够的重视并经常进行维护保养。

（1）检查刷握及连线紧固螺栓是否松动，特别是刷架连线接头是否接触良好。

（2）常将电刷在刷盒孔内上下移动几次，除去碳粉及其他杂物，以保持电刷活动自如，并用塞尺检查电刷与刷盒孔间的间隙是否在限度范围内。注意检查刷辫，确保其不要碰上换向器的升高片，以及检查电刷是否破损，刷辫是否脱落，必要时进行更换。

（3）用电刷压力测试仪检查电刷压力是否在规定范围内，同一刷盒其电刷压力不应相差 3 N。

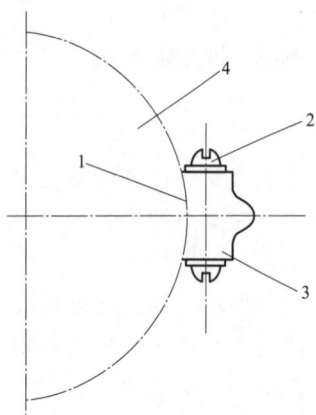

1—砂布；2—紧固螺栓；
3—打磨器体；4—换向器。

图 2-58　换向器打磨器

（4）确保所使用的电刷牌号和制造厂家规定一致，更换电刷时同一电机应使用同一厂家同一牌号的电刷；同一电机所使用电刷的高度差及同一电刷的双分裂电刷的高度差不应超出规定数值，否则应进行更换。

（5）确保刷盒底面相对换向片的平行度符合技术要求，刷盒底面与换向器表面距离应在 2～4 mm 范围内。

（6）换电刷前，应先打磨电刷接触面，使其与换向器圆弧面贴合，以保证良好的换向。换向器打磨器如图 2-58 所示。电刷的打磨方法如图 2-59（a）所示。

（7）检查并调整刷盒，以保证刷盒内的电刷在电枢窜动范围内都在换向器工作面上。

（8）经常用干燥的高压空气吹扫刷握，用干净布擦拭绝缘刷杆外表面的油污及污物。

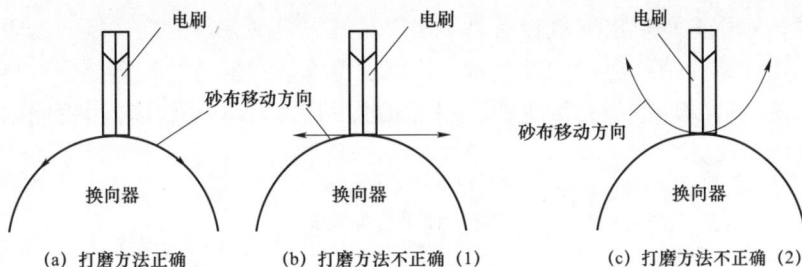

图 2-59　电刷的打磨方法

（9）锉掉连线接头和刷盒上因飞弧而造成的铜瘤或铜毛刺。

（10）更换损坏的刷杆时，应重校刷杆等分度。若在机车上更换同一刷握的两个刷杆，应先更换一个刷杆，紧固定位后再更换另一个刷杆，并做好刷杆位置标记。不允许两只刷杆同时拆下更换，否则会影响刷盒的中性位。

（11）检查刷架圈定位销及撑紧装置的固定情况。

3）电枢轴承和抱轴轴承的维护保养

轴承是电机中比较关键的部件，电枢轴承烧损，会使转子固死、造成机破。

（1）经常检查电枢轴承的温升（允许温升为 55 ℃）。轴承温升的检查，可用红外线测温仪进行测量；运用中的机车停车后可用手的触觉进行检查，如果手能长时间紧密接触发热体，这时最高温度约为 60 ℃。

（2）检查电枢轴承和抱轴轴承的密封情况是否良好。

（3）电枢轴承用 3 号锂基脂润滑，轴承室内润滑脂不能太多或太少，否则会引起轴承发热。一般润滑脂应占轴承室容积的 1/3～1/2。运行时应定期、定量补充油脂。补充的油脂必须和组装时使用的油脂牌号、厂家一致。

（4）抱轴轴承的润滑油应保持清洁，吸油羊毛刷应富有弹性，并与动轮轴颈紧密贴合。经常检查轴承油箱内润滑油油面高度，缺油时及时补充。

4）其他部件的维护保养

（1）检查各绕组可见部分的绝缘膜有无变色或损伤现象。

（2）检查主极和换向极的气隙是否均匀，检查磁极的紧固状态。

（3）检查各绕组间连接线的固定情况。

（4）经常清扫机座上的灰尘和油垢，以保证电机有良好的散热性能。

除上述日常维护外，应严格地按机车操纵规程操纵机车，这对减少电机的故障，延长电机使用寿命有益。例如：避免在坡道或曲线上起动重载列车，起不动时不要随意强行起动；需制动时，应充分利用电阻制动或再生制动；运行时操纵手柄移位不要太快；过大坡时提早加速，以利用动能闯坡；轮对发生空转时，手柄迅速降位并撒砂；无动力回送机车动车时，不能随意操纵主电路控制器等。

要防止牵引电动机在牵引工况下突然转变为制动工况，否则会造成多台并联工作的电机全部环火。因为电机在正常牵引工作状态下，磁场为串励，如果突然由牵引变成制动，则相当于磁场突然由串励改为他励，这时，在电枢的反电动势上再施加一个反相电压，电流发生陡变，换向磁场发生畸变，导致电机不能正常换向而发生环火。正确地操作应该是使电流为零后再反向制动。

一般来说，牵引电动机出现故障后总会出现某些异常现象，例如：换向器表面出现有规则或无规则的黑痕或灼痕；电枢绕组或磁极线圈的绝缘漆膜变色；运动部分过热或有不正常的音响等。若能及时发现这些异常现象，并采取相应措施，对防止事故及查明故障的原因，具有十分重要的意义。

学习工作单与考核表

任　　务	直流牵引电动机结构与维护保养			
学习小组		姓名		
学习工作任务		学习工作任务完成评价		
工作任务 1：认识 ZD105 型牵引电动机的结构		自我评价	小组评价	教师评价
工作任务 2：掌握电力机车牵引电动机的检查方法		自我评价	小组评价	教师评价
工作任务 3：掌握电力机车牵引电动机的维护方法		自我评价	小组评价	教师评价

→ 自测题

简答题

（1）主磁极和换向极采用了哪些绝缘结构？

（2）电枢绕组采用了哪些绝缘结构？

（3）补偿绕组采用了哪些绝缘结构？

（4）换向器采用了哪些绝缘材料和绝缘结构？

（5）定子包括哪些主要部件？各部件有什么作用？

（6）机座有哪些结构型式？其特点是什么？

（7）主极铁心为什么用钢片叠成？

（8）直流牵引电动机的换向极铁心为什么可以用块钢制成？

（9）主极线圈采用平绕和扁绕各具有哪些优、缺点？

（10）为什么要对主磁极和换向极进行一体化处理？

（11）转子包括哪些主要部件？各部件有什么作用？

（12）电枢铁心为什么用电工钢片叠成？

（13）换向器包括哪些部件？各部件有什么作用？拱式换向器的紧固作用是怎样产生的？

（14）为什么要对换向片倒角？对云母片下刻？

（15）为什么说电枢铁心和电枢绕组是电机实现能量转换的枢纽？

（16）电刷装置包括哪些部件？各部件有什么作用？

（17）对电刷装置有哪些要求？

（18）简述 ZD105 型牵引电动机的结构特点。

模块 3

交流牵引电动机

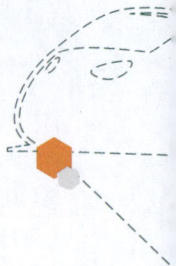

随着"交—直—交"牵引传动技术的广泛应用，我国的和谐号、复兴号机车采用交流牵引电动机。交流牵引电动机可以分为两类：永磁同步牵引电动机和感应异步牵引电动机。感应异步牵引电动机结构简单、工作可靠，起动时采用恒转矩控制，充分利用电动机的最大转矩，使车辆平稳起动，运行时采用恒功率控制，充分利用整车设备性能。永磁同步牵引电动机具有高效率、高功率因数、节能、功率密度大、低噪声、低转速时过载能力强，输出的大扭矩更利于车辆的低速起动等优点，其也是机车牵引电机发展的一个重要方向。

本模块主要学习三相异步电动机工作原理与结构，掌握典型机车三相异步牵引电动机构造与维护保养方法。

任务 3.1　三相异步电动机工作原理与结构认知

➡ 布置任务

1. 认识三相异步电动机的分类与基本结构
2. 分析三相异步电动机的工作原理
3. 识读异步电动机的铭牌

➡ 相关资料

1. 异步电动机的分类

异步电动机按定子相数可分为三相、单相和两相异步电动机 3 类。单相异步电动机如图 3-1所示，除约 200 W 以下的电动机多做成单相异步电动机外，现代动力用电动机大多数都为三相异步电动机，如图 3-2 所示。两相步进电机主要用于微型控制电机，两相步进电机如图 3-3 所示。

按照转子型式，异步电机可分为鼠笼式转子和绕线式转子两大类。鼠笼式转子又分为普通鼠笼式转子、深槽型鼠笼式转子和双鼠笼式转子 3 种。三相鼠笼式异步电动机如图 3-4 所示。三相绕线式异步电动机如图 3-5 所示。

图 3-1 单相异步电动机　　图 3-2 三相异步电动机　　图 3-3 两相步进电机

图 3-4 三相鼠笼式异步电动机　　　　图 3-5 三相绕线式异步电动机

根据机壳不同的保护方式，异步电动机可分为开启式、防护式、封闭式和防爆式等。

开启式异步电动机价格便宜，散热条件最好，由于转子和绕组暴露在空气中，只能用于干燥、灰尘很少又无腐蚀性和爆炸性气体的环境。

防护式异步电动机如图 3-6 所示，其具有防止外界杂物落入电机内的防护装置，一般在转轴上装有风扇，冷却空气进入电机内部，冷却定子绕组端部及定子铁心后将热量"带"出来。

封闭式异步电动机的内部和外部的空气是隔开的，如图 3-7 所示。它的冷却是依靠装在机壳外面转轴上的风扇吹风，借机座上的散热片将电机内部发散出来的热量带走。这种电机主要用于尘埃较多的场所，例如机床上使用的电机。

防爆式异步电动机为全封闭式，如图 3-8 所示，它将内部与外界的易燃、易爆性气体隔离。这种电机多用于有汽油、酒精、天然气、煤气等气体较多的地方，如矿井或某些化工厂等处。

图 3-6 防护式异步电动机　　图 3-7 封闭式异步电动机　　图 3-8 防爆式异步电动机

2. 三相异步电动机的基本结构

三相异步电动机由固定的定子和旋转的转子两个基本部分组成，转子装在定子内腔里，借助轴承被支撑在两个端盖上。为了保证转子能在定子内自由转动，定子和转子之间必须有一个间隙，称为气隙。电机的气隙是一个非常重要的参数，其大小及对称性等对电机的性能有很大影响。图 3-9 所示为三相鼠笼式异步电动机，其主要由风扇、风罩、吊环、定子铁心、

89

机座、定子绕组、转子绕组、转轴、端盖、转子铁心、接线盒等部件组成。

1）定子

定子由定子铁心和机座等组成，如图 3-10 所示。

定子三相绕组是异步电动机的电路部分，在异步电动机的运行中起着很重要的作用，是把电能转换为机械能的关键部件。定子三相绕组的结构是对称的，一般有六个出线端 U1、U2、V1、V2、W1、W2，置于机座外侧的接线盒内，根据需要接成星形（Y）或三角形（△），如图 3-11 所示。

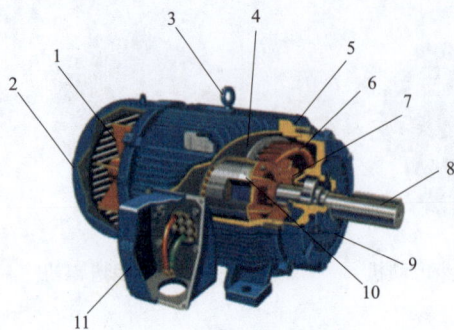

1—风扇；2—风罩；3—吊环；4—定子铁心；5—机座；
6—定子绕组；7—转子绕组；8—转轴；
9—端盖；10—转子铁心；11—接线盒。

图 3-9　三相鼠笼式异步电动机

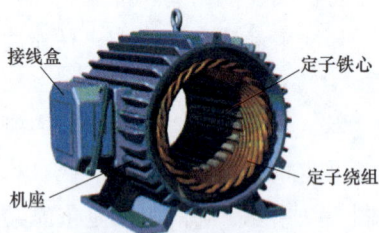

图 3-10　定子

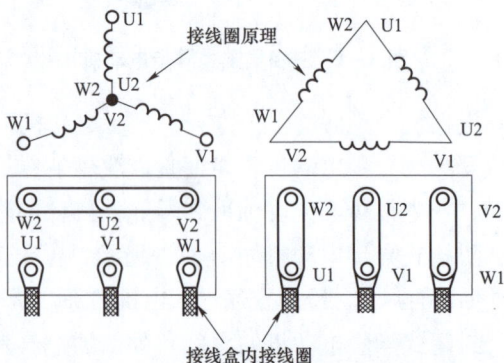

图 3-11　三相鼠笼式异步电动机出线端

定子铁心是异步电动机磁路的一部分，由于主磁场以同步转速相对定子旋转，为减小在铁心中引起的损耗，铁心采用 0.5 mm 厚的高导磁电工钢片叠成，电工钢片两面涂有绝缘漆以减小铁心的涡流损耗。中小型异步电机定子铁心一般采用整圆的冲片叠成，大型异步电机的定子铁心一般采用肩型冲片拼成。在每个冲片内圆均匀地开槽，使叠装后的定子铁心内圆均匀地形成许多形状相同的槽，用以嵌放定子绕组。槽的形状由电机的容量、电压及绕组的型式而定。绕组的嵌放过程在电机制造厂中称为下线。完成下线并进行浸漆处理后的铁心与绕组成为一个整体一同固定在机座内。

机座即机壳。定子与定子冲片如图 3-12 所示，它的主要作用是支撑定子铁心，同时也承受整个电机负载运行时产生的反作用力，运行时由于内部损耗所产生的热量也是通过机座向外散发。中小型电机的机座一般采用铸铁制成。大型电机因机身较大，浇注不便，常用钢板

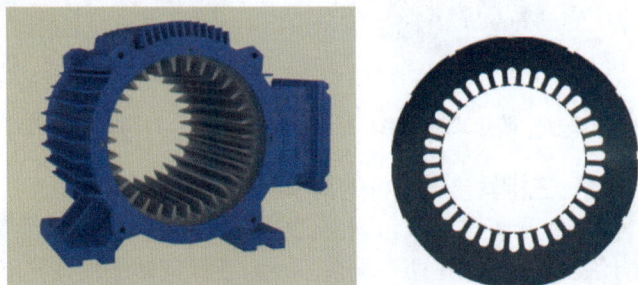

(a) 未装绕组的定子　　(b) 定子冲片

图 3-12　定子与定子冲片

焊接成型。

2）转子

异步电动机的转子由转子铁心、转子绕组及转轴组成。

转子铁心是电机磁路的一部分，也是用电工钢片叠成的。与定子铁心冲片不同的是，转子铁心冲片是在冲片的外圆上开槽，叠装后的转子铁心外圆柱面上均匀地形成许多形状相同的槽，用以放置转子绕组。

转子绕组是异步电动机电路的另一部分，其作用为切割定子磁场，产生感应电势和电流，并在磁场作用下受力而使转子转动。其结构可分为鼠笼式转子绕组和绕线式转子绕组两种类型。鼠笼式转子的特点是结构简单，制造方便，经济耐用。绕线式转子的特点是结构复杂，价格贵，但转子回路可引入外加电阻来改善起动和调速性能。

鼠笼式转子绕组由置于转子槽中的导条和两端的端环构成。为节约用钢和提高生产率，小功率异步电机的导条和端环一般都是融化的铝液一次浇铸出来的；对于大功率的电机，由于铸铝质量不易保证，常用铜条插入转子铁心槽中，再在两端焊上端环。鼠笼式转子绕组自行闭合，不必由外界电源供电，其外形像一个鼠笼，故称鼠笼式转子，如图 3-13 所示。

鼠笼式转子绕组的各相均由单根导条组成，其感应电势不大，加上导条和铁心叠片之间的接触电阻较大，所以无须专门把导条和铁心用绝缘材料分开。

绕线式转子绕组是由绝缘导线组成，嵌放在转子铁心槽内的三相对称绕组中。三相对称绕组一般使用星形接法，三根引出线分别接到固定在转轴上并互相绝缘的三个集电环

图 3-13　鼠笼式转子

上，再通过安装在端盖上的电刷装置与集电环接触把电流引出来。这种转子的特点是可以通过集电环和电刷在转子回路中接入附加电阻，用以改善电动机的起动性能，或调节电动机的转速。有的绕线转子异步电动机还装有一种举刷短路装置，当电动机起动完毕而又不需要调节转速时，移动手柄使电刷被举起而与集电环脱离接触，同时使三只集电环彼此短接起来，这样可以减少电刷与集电环间的磨损和摩擦损耗，提高运行可靠性。与鼠笼式转子比较，绕线转子的缺点是结构复杂，价格较贵，运行的可靠性也较差。因此，绕线转子异步电动机只用在要求起动电流小、起动转矩大，或需要调节转速的场合，例如，用来拖动频繁起动的起重设备。

转轴是整个转子部件的安装基础，又是力和机械功率的传输部件，整个转子靠轴和轴承被支撑在定子铁心内腔中。转轴一般由中碳钢或合金钢制成。

3）气隙

异步电机的气隙是很小的，中小型电机一般为 0.2~2 mm。气隙越大，磁阻越大，要产生同样大小的磁场，就需要较大的励磁电流。由于气隙的存在，异步电机的磁路磁阻远比变压器的大，因而异步电机的励磁电流也比变压器的大得多。变压器的励磁电流约为额定电流的 3%，异步电机的励磁电流约为额定电流的 30%。励磁电流是无功电流，因而励磁电流越大，功率因数越低。为提高异步电机的功率因数，必须减少它的励磁电流，最有效的方法是尽可能缩短气隙长度。由于气隙过小会使装配困难，还有可能使定子、转子在运行时发生摩擦或碰撞，因此，气隙的最小值由制造工艺及运行安全可靠等因素来决定。

4）其他部件

端盖：安装在机座的两端，它的材料加工方法与机座相同，一般为铸铁件。端盖上的轴承室里安装了轴承来支撑转子，以使定子和转子得到较好的同心度，保证转子在定子内膛里正常运转。端盖除了起支撑作用外，还起着保护定子、转子绕组的作用。

轴承：连接转动部分与不动部分，目前采用滚动轴承以减少摩擦。

轴承端盖：保护轴承，使轴承内的润滑油不致溢出。

风扇：冷却电动机。

3. 三相异步电动机的工作原理

图 3-14 所示为旋转磁场带动笼式转子旋转，在磁极中间放置一个可以自由转动的导电的笼式转子。转子和磁极之间没有机械联系。当摇动手柄使蹄形磁铁旋转时，会看到笼式转子跟着磁铁转动。手柄摇得快，转子也转得快；手柄摇得慢，转子也转得慢。若改变磁铁的转向，笼式转子的转向也随之改变。由此可见，转子转动的必要条件是要有一个旋转的磁场。

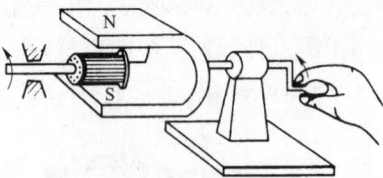

图 3-14　旋转磁场带动笼式转子旋转

1）两极定子绕组的旋转磁场

在三相笼式异步电动机中，旋转磁场是由定子绕组中三相交流电产生的。三相两极绕组排列图如图 3-15 所示，作星形连接的三相对称定子绕组 U1-U2，V1-V2，W1-W2 在空间互成 120° 排列。当把它们的首端 U1，V1，W1 接在三相对称正弦交流电源上时，便有三相对称的电流流过三个绕组。设三相电源的相序为 1，2，3，且电流 i_1 的初相位为零，则各相电流的相位差都是 120°，如图 3-16 所示。

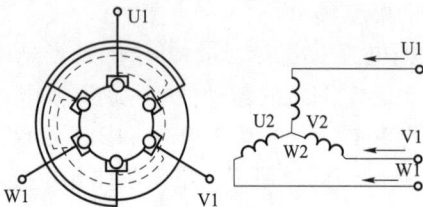

图 3-15　三相两极绕组排列图

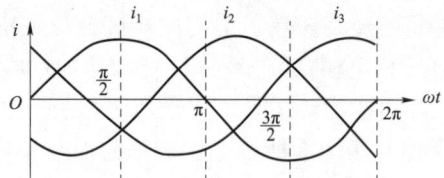

图 3-16　三相绕组电流的波形图

三相绕组中通过正弦交流电，则每个绕组都会产生一个按正弦规律变化的磁场。为讨论方便，规定：三相交流电为正半周时，电流由绕组的首端流入，从末端流出；反之电流从绕组的末端流入，从首端流出。

（1）当 $\omega t = 0°$ 时，$i_1 = 0$，第一相绕组内没有电流，不产生磁场；i_2 是负值，第二相绕组的电流是由 V2 端流入，V1 端流出；i_3 是正值，第三相绕组的电流是由 W1 端流入，W2 端流出。用安培定则可以确定此瞬时的合成磁场为一对磁极，如图 3-17（a）所示。

（2）当 $\omega t = 90°$ 时，i_1 由零值变到最大值，第一相绕组的电流是由 U1 端流入，U2 端流出；i_2 仍为负值，电流仍由 V2 端流入，V1 端流出；i_3 变为负值，电流由 W2 端流入，W1 端流出。此时电流产生的合成磁场如图 3-17（b）所示。可以看出，此时的合成磁场仍是一对磁极，但合成磁场的方向已从 $\omega t = 0$ 时的位置沿顺时针方向转了 90°。

（3）当 $\omega t = 180°$，$\omega t = 270°$，$\omega t = 360°$ 时，合成磁场方向从 $\omega t = 0$ 时的位置沿顺时针方向分别旋转了 180°，270° 和 360°（即一周）。以上各磁场分别如图 3-17（c）、（d）、（e）所示。

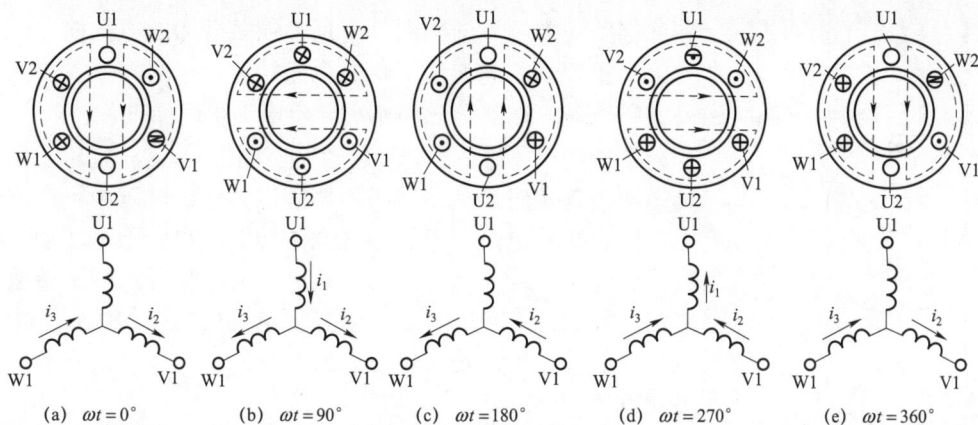

图 3-17 两极旋转磁场

由此可见，对称三相电流 i_1，i_2，i_3 分别通入三相绕组后，能产生一个随时间旋转的磁场（称为旋转磁场）。上面讨论的旋转磁场只有一对磁极（一个 N 极和一个 S 极），所以叫作两极旋转磁场。

对于两极旋转磁场来说，当三相交流电变化一周时，磁场在空间旋转一周，若交流电的频率为 f 时，则磁场的转速为 $n_1 = f(\mathrm{r/s})$。通常旋转磁场的转速都折合成每分钟多少转，这样两极旋转磁场的转速为 $n_1 = 60f(\mathrm{r/min})$。

对于四极（即二对）旋转磁场来说，交流电变化一周，磁场只转过 180°（1/2 周），以此类推，当旋转磁场具有 p 对磁极时，每当交流电变化一周，旋转磁场就在空间转过 $1/p$ 周，即当交流电的频率为 f 时，具有 p 对磁极的磁场转速：

$$n_1 = 60f / p \tag{3-1}$$

式中：n_1——旋转磁场转速，也叫同步转速，r/min；

f——三相交流电源的频率，Hz；

p——旋转磁场的磁极对数。

表 3-1 给出了电源频率 f 为 50 Hz 时相对应磁极对数的旋转磁场转速。

表 3-1　电源频率 f 为 50 Hz 时相对应磁极对数的旋转磁场转速

磁极对数 p	1	2	3	4	5	6
旋转磁场转速 n_1/（r/min）	3 000	1 500	1 000	750	600	500

2）旋转磁场对转子的作用

定子中产生的旋转磁场将切割转子铜条，此时可把磁场看成不动的，而认为转子相对磁场运动。假设旋转磁场是顺时针方向旋转的，转子相对磁场则做逆时针转动，如图 3-18 所示。在转子铜条中产生的感应电动势和感应电流，可用右手定则确定方向：在转子上半部的铜条中感应电流的方向是流出纸面的；在转子下半部的铜条中感应电流的方向是流入纸面的。

转子中产生的感应电流同时与旋转磁场作用，产生电磁力，可根据左手定则判断出转子

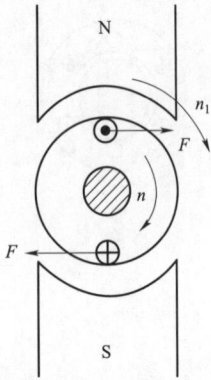

图 3-18　笼式转子转动原理

上顶部铜条受力的方向向右；下顶部铜条受力的方向向左。这两个力大小相等，方向相反，形成电磁转矩。于是转子就跟随旋转磁场方向转动。这就是三相笼式异步电动机的原理。

转子转速 n 必定小于同步转速 n_1。如果 $n=n_1$，则转子和旋转磁场之间没有相对运动，转子不切割磁力线，转子中不会产生感应电动势和感应电流，不能形成电磁转矩，也就不能转动。实际上转子转速小于同步转速，即 $n<n_1$，也就是说，转子转速与旋转磁场的转速是异步的，这就是异步电动机名称的由来。由于这类电动机的转子电流是由电磁感应产生的，所以又把它们叫作感应电动机。

正常运行时转子的转速 n 称为三相异步电动机的额定转速，一般额定转速比同步转速低 2%～5%，如一对磁极的三相异步电动机的同步转速 $n_1=$ 3 000 r/min，正常运行时的额定转速 $n=2$ 940 r/min。

转子的转动方向与旋转磁场的旋转方向一致，旋转磁场的转向与通入定子绕组的三相交流电源相序有关，如果把三相电源接到定子绕组首端的三根导线中的任意两根对调，旋转磁场则反转，电动机也就跟着改变方向。

4. 异步电动机的铭牌

1）型号

Y 系列电动机的型号由 4 部分组成，如图 3-19 所示，第一部分汉语拼音字母 Y 表示异步电动机；第二部分数字表示机座中心高（机座不带底脚时与机座带底脚时相同）；第三部分英文字母为机座长度代号（S——短机座、M——中机座、L——长机座），如果机座长度代号后面有数字，则数字为铁心长度代号；第四部分横线后的数字为电动机的极数。

三相异步电动机

型　　　号	Y315S-6	标　　　准	DAGT. 510019	额 定 电 流	205 A
额 定 功 率	110 kW	额 定 电 压	380 V	绝 缘 等 级	B级
额 定 频 率	50 Hz	额 定 转 速	984 r/min	重　　　量	905 kg
外壳防护等级	IP44	接　　　法	△		
定　　　额	S1	出 产 年 月			

×× 电机厂

图 3-19　电动机铭牌示例

2）额定值

电机按铭牌上所规定的条件运行称为电机的额定运行状态。根据国家标准规定，异步电动机的额定值如下。

（1）额定功率 P_N：电动机在制造厂（铭牌）所规定额定运行状态下运行时，轴端输出的机械功率，单位为 W 或 kW。

（2）额定电压 U_N：电动机在额定状态下运行时，定子绕组应加的线电压，单位为 V 或 kV。

（3）额定电流 I_N：电动机在额定电压下运行，输出额定功率时，流入定子绕组的电流，单位为 A。

对于三相异步电动机，额定功率为：

$$P_N = \sqrt{3}U_N I_N \eta_N \cos\varphi_N \qquad\qquad (3-2)$$

式中：η_N——额定运行时异步电动机的效率；

　　　$\cos\varphi_N$——额定运行时异步电动机的功率因数。

（4）额定转速 n_N：电动机在额定状态下运行时，转子的转速，单位为 r/min。

（5）额定频率 f_N：我国工频为 50 Hz。

3）绝缘等级

绝缘等级指绝缘材料的耐热等级，通常分为以下 7 个等级，如表 3-2 所示。

表 3-2　绝缘等级

绝缘等级	Y	A	E	B	F	H	C
最高工作温度/℃	90	105	120	130	155	180	大于 180

4）接法

接法指电动机定子绕组的连接方法。

若铭牌上的电压为 380 V，表明电动机每相定子绕组的额定电压是 380 V，应接成三角形。若铭牌上的电压为 380/220 V，接法为 Y/△时，表明电动机每相定子绕组的额定电压是 220 V，所以当电源电压为 380 V 时，定子绕组应接成星形，当电源电压为 220 V 时，定子绕组应接成三角形。

三相异步电动机的定子绕组可接成星形或三角形，视额定电压和电源电压的配合情况而定。例如用星形接法时额定电压为 380 V，而改为三角形接法时就可用于 220 V 的电源上。为了满足这种改接的需要，通常把三相绕组的 6 个端头都引到接线板上，以便于采用两种不同接法，如图 3-20 所示。

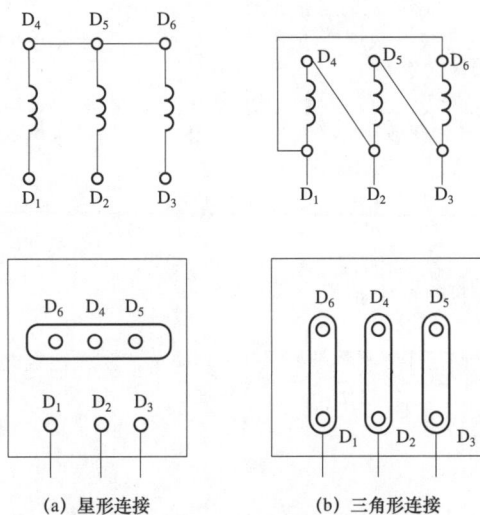

(a) 星形连接　　　　(b) 三角形连接

图 3-20　三相异步电动机的接线板

5）定额

定额指电动机的运转状态，我国电机的定额分为 3 类，即连续定额、短时定额和断续定额。连续定额是指电机按铭牌规定的数据长期连续运行。短时定额和断续定额均属于间歇运行方式，即运行一段时间后就停止运行一段时间。可见，在短时定额和断续定额方式下，有一段时间电机不发热，所以，容量相同时这类电机的体积可以做得小一些，或者连续定额的电机用作短时定额或断续定额运行时，所带的负载可以超过铭牌上规定的数值，但是，短时定额和断续定额的电机不能按其容量做连续运行，否则会使电机过热而损坏。

6）外壳防护等级

外壳防护等级表示电动机的防护能力，格式为 IP**（星号是两位数字，如 IP44），IP 是防护的英文缩写，后面第一位数字表示防止固体物进入内部的等级（外壳对人和壳内部件），第二位数字表示防止水进入内部的等级（由于外壳进水而引起有害影响）。电机防护等级两位数字的含义如表 3-3 所示。

表 3-3　外壳防护等级两位数字的含义

第一位数字表示外壳对人和壳内部件提供的防护等级			第二位数字表示由于外壳进水而引起有害影响的防护等级		
第一位数字	简述	含义	第二位数字	简述	含义
0	无防护电机	无专门防护	0	无防护电机	无专门防护
1	防护大于 50 mm 固体的电机	能防止大面积的人体（如手）偶然或意外触及，接近壳内带电或转动部件（但不能防止故意接触）	1	防滴电机	垂直滴水应无有害影响
2	防护大于 12 mm 固体的电机	能防止手指或长度不超过 80 mm 的类似物体触及或接近壳内带电或转动部件	2	15°防滴电机	当电机从垂直位置向任何方向倾斜至 15°以内任意角度时，垂直滴水应无有害影响
3	防护大于 2.5 mm 固体的电机	能防止直径大于 2.5 mm 的工具或导线触及或接近壳内带电或转动部件	3	防淋水电机	与铅垂线成 60°角范围内的淋水应无有害影响
4	防护大于 1 mm 固体的电机	能防止直径或厚度大于 1 mm 的导线或片条触及或接近壳内带电或转动部件	4	防溅水电机	承受任何方向的溅水应无有害影响
5	防尘电机	能防止触及或接近壳内带电或转动部件，虽不能完全防止灰尘进入，但进尘量不足以影响电机的正常运行	5	防喷水电机	承受任何方向的喷水应无有害影响
6	尘密电机	完全防止尘埃进入	6	防海浪电机	承受猛烈的海浪冲击或强烈喷水时，电机的进水量应达不到有害的程度
			7	防浸水电机	当电机浸入规定压力的水中，经规定时间后，电机的进水量应达不到有害的程度
			8	持续潜水电机	电机在制造厂规定的条件下能长期潜水

学习工作单与考核表

任　　务	三相异步电动机工作原理与结构认知			
学习小组		姓名		
学习工作任务		学习工作任务完成评价		
工作任务 1：认识三相异步电动机的分类与基本结构		自我评价	小组评价	教师评价
工作任务 2：分析三相异步电动机的工作原理		自我评价	小组评价	教师评价
工作任务 3：识读异步电动机的铭牌		自我评价	小组评价	教师评价

→ 自测题

简答题

（1）按照转子型式，三相异步电动机可分为哪两大类？

（2）三相异步电动机主要由哪些部件组成？各部件的作用是什么？

（3）三相异步电动机铭牌上重要的数据有哪几个？各额定值的含义是什么？

（4）三相异步电动机的工作原理是怎样的？

（5）解释以下三相异步电动机铭牌数据。

三相异步电动机

型　　号	Y315S-6	标　　准	DAGT. 510019	额 定 电 流	205 A
额 定 功 率	110 kW	额 定 电 压	380 V	绝 缘 等 级	B级
额 定 频 率	50 Hz	额 定 转 速	984 r/min	重　　量	905 kg
外壳防护等级	IP44	接　　法	△		
定　　额	S1	出 产 年 月			

××电机厂

布置任务

1. 掌握三相异步电动机起动的方法
2. 掌握三相异步电动机反转的方法
3. 掌握三相异步电动机调速的方法

相关资料

因为各种生产机械经常要进行起动、调速和制动，所以作为原动机的异步电动机，其起动、调速和制动等性能的好坏，对生产机械的运行有很大影响。

1. 三相异步电动机的起动

三相异步电动机的起动是指从电动机接入电网开始转动，到达正常运转为止的这一过程。

一般从以下 4 点来衡量三相异步电动机起动性能的好坏。

（1）起动电流尽可能小；

（2）起动转矩要足够大；

（3）起动所需的设备简单、经济，操作方便；

（4）起动过程中的功率损耗要尽量小。

异步电动机在起动时存在两种矛盾：电动机的起动电流大，而供电线路承受冲击电流的能力有限；电动机的起动转矩小，而负载又要求有足够的转矩才能起动。在不同的情况下，应采取不同的起动方法。

对于容量不大，又是在空载情况下起动的异步电动机，例如一般机床上用的电动机，起动电流虽大，但在很短时间内冲一下就下降了，只要车间里许多机床不是同时起动，对供电线路不会造成太大影响。其起动转矩即使比电机的额定转矩还小，只要是空载起动，也是够用的，转起来之后，仍能承担额定负载。因此，在这种情况下，可以采用直接起动。

对于经常满载起动的电动机，例如电梯、起重机等，当起动转矩小于负载转矩时，根本就转不起来，当然就无法工作了。对于中、大容量的电动机，额定电流就有好几百安培，起动电流有数千安培，被这样大的电流冲击一下，供电线路能否承受，那就要看电网和供电变压器的容量了。电动机的起动电流流过具有一定内阻抗的发电机、变压器和供电线路，总会造成电压的瞬时降低。变压器容量越小，内阻抗值就越大，起动电流引起的瞬时电压降落也越大。供电电压的瞬时降低，不仅会使这台要起动的电机本身转不起来，在同一条供电母线上的其他设备也要受到冲击，电灯会变暗，数控设备失常，带着重载的电动机甚至会停下来。在这种情况下，变电所的欠电压保护可能会跳闸，造成停电事故。因此，大容量的异步电动机是不允许直接起动的。具体来讲，异步电动机的起动主要有以下 4 种方法。

1）小容量电动机空载或轻载起动——直接起动

小容量电动机空载或轻载起动时，可以直接起动。直接起动就是将电动机定子绕组直接接到具有额定电压的电网上。这种起动方法的优点是操作和起动设备都简单。直接起动时电流较大，如果负载的惯量较大，起动时间可能较长。为了保证电动机起动时不引起太大的电网压降，电动机应满足下列经验公式的要求：

$$\frac{I_{st}}{I_N} \leqslant \frac{3}{4} + \frac{供电变压器的容量}{4 \times 电动机额定容量} \tag{3-3}$$

式中：I_{st}——定子额定电流；

I_N——起动电流。

电动机能否采用直接起动方法，不仅取决于电动机本身的容量大小，而且还与供电电网容量、供电线路长短、起动次数及其他用户的要求有关。

供电电网容量越大，允许直接起动的电动机容量也越大；电动机与供电变压器之间的距离越长，起动时线路电压降也越大，则电动机的端电压就越低，有可能使电动机转不起来，在这种情况下应降低允许直接起动的电动机容量；频繁起动的电动机，由同一台变压器供电的其他设备，如果都是动力用户，即都是电动机，则对允许直接起动的电动机容量的要求就放松一些，如果还有照明用户，以及其他对电源电压波动很敏感的用户，则对允许直接起动的电动机容量的要求就更严一些。

至于具体的规定，可查阅有关书籍或电工手册。通常以下两种情况可以采用直接起动：容量在 7.5 kW 以下的三相异步电动机；电动机在起动瞬间造成的电网电压降不大于电压正常值的 10%，对于不经常起动的电动机可放宽到 15%。

2）中、大容量电动机空载或轻载起动——降压起动

若电动机容量超过前面所述的要求时，就不能直接起动。在这种情况下，如果仍是空载或轻载起动，则起动时的主要问题就是起动电流大而电网允许的冲击电流有限。因此必须降低起动电流。要降低起动电流，最有效的措施就是降压起动。

降压起动是指电动机在起动时降低加在定子绕组上的电压，起动结束后再加上额定电压运行。降压起动可以有效地降低电动机的起动电流，但由于感应电动机的起动转矩和电压的关系为：

$$T_{st} = \frac{1}{2\pi f_1} \frac{3pU_1^2 r_2'}{(r_1 + r_2')^2 + (x_{1\sigma} + x_{2\sigma}')^2} \tag{3-4}$$

由式（3-4）可知，感应电动机的起动转矩和电压的平方成正比，因此降压起动时，电动机的起动转矩也相应降低，所以，降压起动只适用于电动机空载或轻载起动。常用的降压起动方法有星三角降压起动、自耦变压器降压起动、定子绕组串电阻或电抗降压起动、延边三角形降压起动。以下仅介绍两种降压起动方法。

（1）星三角（Y/△）降压起动。

星三角降压起动原理线路图如图 3-21 所示。星三角降压起动是指在额定电压下正常运行时为三角形接法的电动机，在起动时采用星形接法从而使三相定子绕组所承

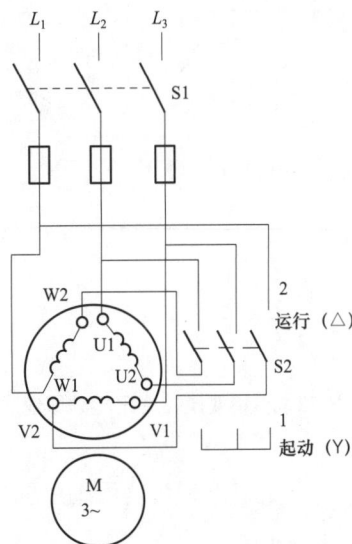

图3-21　星三角降压起动原理线路图

受的每相相电压降低为额定电压（电源线电压）的 $\dfrac{1}{\sqrt{3}}$。

起动时，先将转换开关 S2 置于"起动"位，这时定子三相绕组作星形连接，然后将开关 S1 合上，电动机开始起动，待电动机转速升高到一定值后，再把 S2 置于"运行"位，此时定子三相绕组作三角形连接，电动机就在额定电压下正常运行。

当定子绕组接成星形起动时，每相绕组所加电压为 $U_1/\sqrt{3}$，设电动机起动时每相阻抗为 Z_{st}，则起动时的线电流为：

$$I_{st(Y)} = \frac{U_1}{\sqrt{3}\,|Z_{st}|} \tag{3-5}$$

如果定子绕组接成三角形起动时，每相所加电压为 U_1，此时线电流为：

$$I_{st(\triangle)} = \sqrt{3}\,\frac{U_1}{|Z_{st}|} \tag{3-6}$$

两种接线方法起动电流的比值是：

$$\frac{I_{st(Y)}}{I_{st(\triangle)}} = \frac{1}{3} \tag{3-7}$$

由此可见，用星三角降压起动，起动电流为采用三角形接法直接起动时的 $1/3$，对降低起动电流很有效，但由于起动转矩 T_{st} 正比于 U_1^2，因此起动转矩也相应降低为采用三角形接法直接起动时的 $1/3$，即起动转矩也降低很多，故此种方法只能用于空载或轻载起动的设备上。此种方法的最大优点是所需设备简单、价格低，因而获得了广泛的应用。

（2）自耦变压器降压起动。

自耦变压器降压起动也称起动补偿器起动，这种起动方法是利用自耦变压器来降低起动时

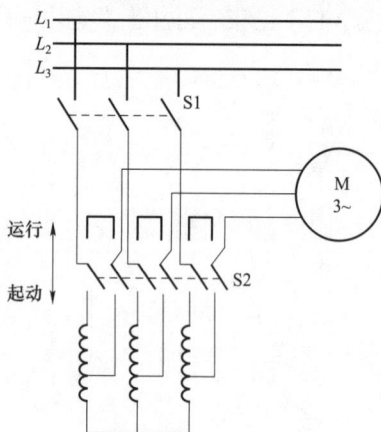

图 3-22　自耦变压器降压起动原理线路图

加在定子三相绕组上的电压。自耦变压器降压起动原理线路图如图 3-22 所示。

起动时，先将开关 S1 闭合，然后再将开关 S2 置于"起动"位，这时经过自耦变压器降压后的交流电压加到电动机三相定子绕组上，电动机开始降压起动，待电动机转速升高到一定值后，再把开关 S2 置于"运行"位，电动机就在额定电压下正常运行，此时自耦变压器已从电网上切除。

设自耦变压器的变比为 K，原边电压为 U_1，则副边电压为 $U_2 = \dfrac{U_1}{K}$，副边电流（即通过电动机定子绕组的线电流）也减小为额定电压下直接起动时起动电流的 $\dfrac{1}{K}$。又因为变压器原副边的电流关系是 $I_1 = \dfrac{I_2}{K}$，可见原边的电流（即电源供给电动机的起动电流）比直接流过电动机定子绕组的电流还要小，即此时电源供给电动机的起动电流为

直接起动时的 $\dfrac{1}{K^2}$，因此用自耦变压器降压起动对限制起动电流很有效，但采用此种方法降低起动电流的同时，起动转矩也会相应降低到直接起动时的 $\dfrac{1}{K^2}$。

这种起动方法的优点是可以按容许的起动电流和所需的起动转矩选择自耦变压器的变比从而实现降压起动，而且不论电动机定子绕组采用星形接法或三角形接法都可使用；缺点是投资较大，设备体积大。

　　3）小容量电动机重载起动——鼠笼电动机的特殊型式

小容量电动机重载起动时，起动的主要问题是起动转矩不足。针对这种情况，解决的办法有两个：其一是按起动要求，选择容量更大的电动机；其二是选用起动转矩较高的特殊型式的电动机，这些型式电动机的机械特性与普通鼠笼式电动机的机械特性比较可参考图 3-23。

起动转矩较高的特殊型式的电动机主要是指以下 3 种。一是 JQ 型电动机，其适用于一般重载起动，如皮带运输机等，其特殊的机械特性是转子参数（双鼠笼式异步电动机和深槽型异步电动机）设计为能够自动随转速变化。二是 JH 型电动机，它的转子电阻设计得偏大，因此它的机械特性较软，适用于冲压机这一类带冲击负载的机械，它们常常带着机械惯性较大的飞轮，在冲击负载来到时，转速降落大，由飞轮释放

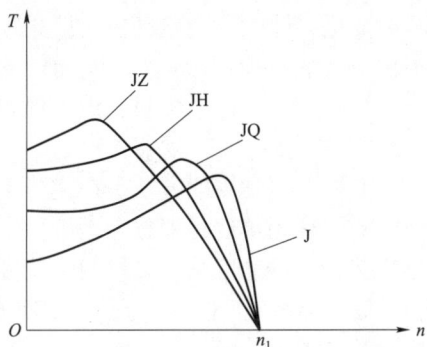

图 3-23　不同型式鼠笼电动机的机械特性

出来的动能可以帮助电机克服高峰负载。三是 JZ 型电动机，它的转子电阻设计得更大，起动转矩也相应更大，机械特性更软，适用于频繁起动的起重机和冶金机械。

　　4）中、大容量电动机重载起动——绕线转子电动机起动

中、大容量电动机重载起动时，起动的两种矛盾同时起作用，问题最尖锐。可以先用上述的特殊型式的鼠笼式电动机试一试，如果不行，就只能用绕线转子电动机了。绕线转子电动机常用转子串接电阻或转子串接频敏变阻器的方法来改善起动性能。绕线转子电动机转子串接电阻时，如果阻值选择合适，可以既增大起动转矩，又减小起动电流，使两对矛盾都得到解决，当然投入的设备要多一些，成本较高。

另外，对于频繁起动、制动的电动机来说，即使容量不大，但起动、制动的时间占整个电动机工作时间的比例较大，大电流持续时间长，发热严重。如果选用鼠笼电动机，哪怕只是空载，每小时来回起动、制动次数过多也会过热。这时也应采用绕线转子电动机，利用转子外接电阻来控制起动、制动，起动时大部分热量产生在电动机外面，电动机本身的发热也就小多了。

　　2. 三相异步电动机的调速

三相异步电动机的调速是指用人为的方法来改变三相异步电动机的转速。异步电动机在结构简单、价格便宜、运行可靠、维护方便等方面优于直流电动机，在容量、电压、转速等级上也比直流电动机高，但在调速和控制性能上较直流电动机差。异步电动机的转速是可以调节的，但目前还没有找到调速范围广、精度高、动态性能好，而又价廉、可靠、能够完全取代直流电动机的交流调速系统，这成为业界研究的热点课题。

异步电动机的转速公式为：

$$n = n_1(1-s) = \frac{60f_1}{p}(1-s) \tag{3-8}$$

从式（3-8）可知，异步电动机可通过改变定子绕组的极对数 p、改变电源频率 f_1 和改变转差率 s 进行调速。

1）变极调速

变极调速就是改变电动机定子绕组的极对数 p 来调速。由式（3-8）可见，如果电源频率 f_1 固定不变，只要改变电动机绕组的极对数 p，则同步转速 n_1 和转子转速 n 也会随之改变。而且，电动机的同步转速 n_1 与极对数 p 成反比变化，例如当 $f_1 = 50\,Hz$ 时，把极对数从 $p=1$ 变到 $p=2$，得到的同步转速将为 $n_1 = 3\,000\,r/min$ 和 $n_1 = 1\,500\,r/min$ 两种。

变极调速的异步电动机一般采用鼠笼式转子，因为鼠笼式转子的极对数能自动地随着定子极对数的改变而改变，使定子、转子磁场的极对数总是相等而产生平均电磁转矩。若为绕线型转子，则定子极对数改变时，转子绕组必须相应地改变以得到与定子相同的极对数，很不方便。

变极调速常用的方法是在定子上只装一套绕组，而利用改变绕组接法来获得两种或多种极对数，称为单绕组变极。改变定子绕组极对数如图 3-24 所示，图中 U 相绕组由 U1U1′ 和 U2U2′ 两个线圈组成，如果两个线圈串联，向绕组通入电流后将产生 4 个磁极；如果两个线圈并联（即将 U1′ 和 U2′ 连接、U1 和 U2 连接），向绕组通入电流后将产生 2 个磁极。可见，极对数发生了改变。

图 3-25 是变极双速异步电动机接线示意图。当电源从 1、2、3 端引入时（4、5、6 端悬空），定子绕组为三角形接法。由图 3-25 中实线箭头表示的电流方向可见，此时一相绕组的两个线圈串联、磁极数为 $2p=4$；当电源从 4、5、6 端引入时（1、2、3 端相连），定子绕组为 YY 接法，由图 3-25 中虚线箭头表示的电流方向可见，一半线圈中的电流改变了方向，此时磁极数为 $2p=2$。这种变极方法称为 YY/△ 接法，目前被广泛采用。

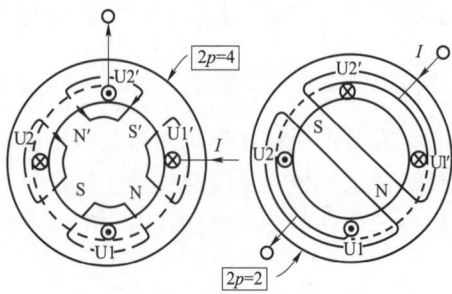

图 3-24　改变定子绕组极对数

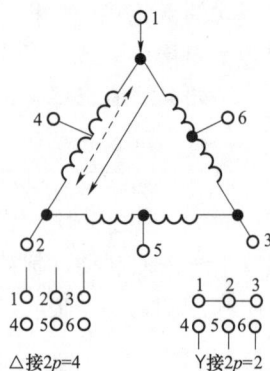

图 3-25　变极双速异步电动机接线示意图

可以改变极对数的异步电动机称为多速异步电动机，其中有双速、三速、四速等多种，我国目前已大量生产，老产品有 JD02 系列，新产品有 YD 系列。

变极调速方法的优点是设备简单、运行可靠，缺点是不是平滑调速而是一级一级分段式调速。

2）变转差率调速

变转差率调速就是改变电动机的转差率 s 来调速。当恒转矩负载调速时，从电磁转矩关系式可见，改变转差率 s 有下列几种方法。

（1）在转子回路串入电阻、电感或电容，以改变转子电阻 r'_2 或转子电抗 $x'_{2\sigma}$。

（2）改变定子绕组的端电压 U_1。

（3）在定子回路串入外加电阻或电抗，以改变 R_1 或 X_1。

改变转差率调速常用的方法是在转子回路中串电阻，其特性如图3-26所示。这种方法只适用于绕线转子电动机，在电动机转子回路中接入附加电阻后就可以改变电动机的特性曲线形状。假设在不同的转速

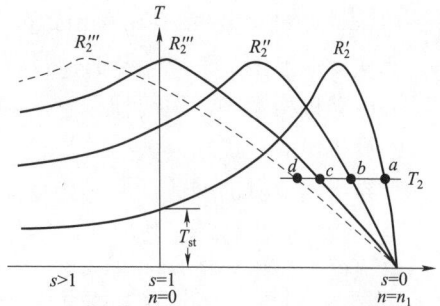

图3-26 转子回路中串电阻调速

时负载转矩 T_2 恒定不变，在转子回路未接入附加电阻时，电动机稳定运行，这时电动机的电磁转矩刚好与负载转矩 T_2 相平衡，随着转子电阻的增大，电动机的稳定运行点逐渐向左移动（a-b-c-d），也就是说，随着转子电阻的增加，转差率 s 变大，电动机的转速降低。

这一方法的物理过程是：在转子回路电阻增加的最初瞬间，由于惯性的缘故，转子转速还来不及改变，转子回路的感应电势仍维持原来的数值，因此，转子电流将随着转子回路电阻数值的增加而减少，电磁转矩也将下降，于是电动机开始减速。随着转速的下降，转差率变大，转子回路的电势及电流将随着转差率的增大而重新回升，从而使电动机的电磁转矩又重新增大，直到与负载转矩重新平衡为止。

这种方法的缺点是：转子回路中接入附加电阻后，将使转子铜耗增加，降低了电动机的效率，但由于此法比较简单，在中小容量的电动机中还是用得比较多的，例如交流供电的桥式起重机，大部分采用此法调速。

3）变频调速

由前面的分析可知，对异步电动机而言，用变极调速级数少，且不能平滑调速；用转子回路串联电阻改变转差率 s 调速则损耗较大。因此，虽然异步电动机与直流电动机相比较有结构简单、成本低廉、坚固耐用等优点，但由于调速较困难而限制了它的使用，一般只能作接近恒速运行。以往在要求连续、精确、灵活调速的场合，直流电动机一直占有主要地位。然而，晶闸管提供一个频率可调的交流电源给异步电动机，从而使异步电动机转速能够平滑调节的变频调速技术正在获得迅速发展。

变频调速就是改变供电电源的频率 f_1 来调速。当改变电源频率 f_1 时，旋转磁场的同步转速与电源频率成正比变化，于是转子转速也相应改变，达到调节转速的目的。异步电动机定子绕组电压平衡方程式为：

$$U_1 \approx E_1 = 4.44 f_1 N_1 \Phi_m K_w \tag{3-9}$$

从式（3-9）可知，当降低交流电源频率 f_1 进行调速时。如果电源电压 U_1 不变，则磁通 Φ_m 将增加，使铁心饱和，导致励磁电流和铁心损耗增加，电动机温升将增加，这是不允许的；如果增大交流电源频率 f_1 进行调速，电源电压 U_1 不变，则磁通将减小，由式（3-9）可知，在转子电流不变的情况下，电磁转矩 T 必然下降，电机输出功率将下降。所以，变频调速时，总希望保持磁通 Φ_m 不变。因此，在调节交流电源频率 f_1 时、必须同时调节电源电压

U_1，并保持 $\dfrac{U_1}{f_1}$ 为常数。

变频调速根据电动机输出性能的不同可分为：① 保持电动机过载能力不变的变频调速；② 保持电动机输出转矩不变的恒转矩变频调速；③ 保持电动机输出功率不变的恒功率变频调速。

从调速范围、平滑性及调速过程中电动机的性能等方面来看，变频调速很优越，可以和直流电动机相媲美，但要使频率 f 和端电压 U_1 同时可调，需要一套专门的变频装置，使投入的设备增多，成本增大。

异步电动机的调速性能不如直流电动机的调速性能好。这是因为异步电动机的运行特点就是在接近同步转速工作时（即转差率 s 较小时），机械性能较硬，效率和功率因数都较高。如果远低于同步转速（即转差率 s 较大），各方面的性能都要变差。因此改变转差率 s 不是理想的调速方法，而变极调速和变频调速又不像直流电动机改变电枢电压那么方便。

3. 三相异步电动机的反转和制动

1）反转

三相异步电动机的旋转方向取决于定子旋转磁场的旋转方向，并且两者的方向相同。只要改变旋转磁场的方向，就能使三相异步电动机反转。因此，将三相接线端中的任意两相接线端对调，改变三相顺序，就改变了旋转磁场的方向，从而使三相异步电动机反转。

2）制动

三相异步电动机的制动是指加上一个与电动机转向相反的转矩来使电动机迅速停转或限制电动机的转速。电动机在以下情况运行时属于制动状态。一种情况是在负载转矩为势能转矩的机械设备中（例如起重机下放重物，电力机车下坡运行），设备保持一定的运行速度。另一种情况是在机械设备需要减速或停止转动时，电动机能实现减速或停止转动。

三相异步电动机的制动方法有两类：机械制动和电气制动。机械制动是利用机械装置（如电磁抱闸机构）来使电动机迅速停止转动，常用于起重机械设备上。电气制动是使异步电动机所产生的电磁转矩的方向和电动机转子的旋转方向相反，电气制动通常可分为反接制动、回馈制动和能耗制动。

（1）反接制动。

反接制动就是在分析异步电动机工作原理时指出的制动状态 $(n < 0, s > 1)$，此时转子的转向与定子旋转磁场的转向相反，实现反接制动可用下述两种方法。

正转反接：将正在电动机状态下运行的异步电动机的定子绕组 3 根供电线任意对调 2 根，则定子电流的相序改变，其相应的旋转磁场立即反转，从原来与转子转向一致变为与转子转向相反，于是电机立即进入相当于 $s = 2$ 时的制动状态。为了使反接时电流不致过大，若为绕线型异步电动机，反接时应在转子回路中串入附加电阻。当电动机转速下降至零时，必须立即切断定子电源，否则电动机将向相反方向旋转。

正接反转：当绕线型异步电动机拖动的起重机下放重物时，其运行状态便是正接反转制动。这时电机定子接线仍按电动机运行时的接法（正接），而利用在转子回路串入较大电阻 R_t 来使转子反转。其原理和在转子回路串入电阻调速一样，当串入转子的电阻 R_t 逐步增至很大时，转子转速逐步减小至零，如图 3-27 中 $a-b-c$ 所示。此时如果 R_t 继续增加，电磁转矩将小于总负载转矩 $(T_2 + T_0)$，转子就开始反转（重物向下降落）而进入制动状态，当 R_t 增加到 R_{t3} 时，电动机稳定运行在 d 点，转差率 $s = 1.2$，转子反转的速度为 $0.2n_1$，从而保证了重物以较低的均匀转速慢慢下降,而不致把重物损坏。显然,可调节 R_t 的大小来平稳控制重物下降的速度。

（2）回馈制动。

当异步电机作电动机运行时,如果由于外来因素,使转子加速到超过同步转速,则异步电动机进入回馈制动（发电机运行）状态。例如前述的起重机放下重物时,如果仍按电动机状态运行,即转子转向和定子旋转磁场转向相同,则在

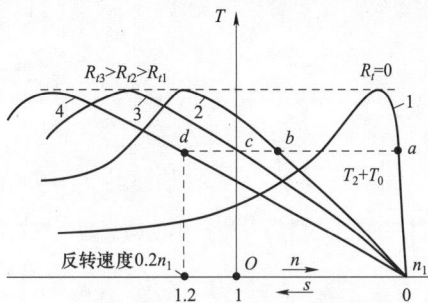

图 3-27　绕线型异步电动机正接反转的反接制动

电动机的电磁转矩和重物的重力产生的转矩共同作用下,重物以越来越快的速度下降,当转子转速由于重力的作用超过同步转速,即 $n>n_1$ 时,异步电机就进入发电机制动状态运行,电磁转矩方向立即改变,一直到电磁转矩与重力转矩平衡时,转子转速及重物下降速度才能稳定不变,使重物恒速下降。这时重物下降减少的位能转换为电能送给电机所接的电网,因此其被称为回馈制动。

回馈制动的优点是经济性能好,可将负载的机械能变为电能返送回电网,缺点是应用范围窄,只有在电动机转速大于同步转速时才能实现。

（3）能耗制动。

如图 3-28 所示,将正在运行中的异步电动机的定子绕组从电网断开,而接到一个直流电源上,由直流电流励磁而在气隙中建立一个静止的磁场。于是,从正在旋转的转子上来看,此磁场将是向后旋转的,因此由它感应于转子中的电流所产生的电磁转矩的方向应为向后转的,即对转子起制动作用。这种制动方法是利用转子旋转时的惯性,使转子导体切割静止磁场的磁通而产生制动转矩,把转子的动能消耗于转子回路的电阻上成为铜耗,故其被称为能耗制动。

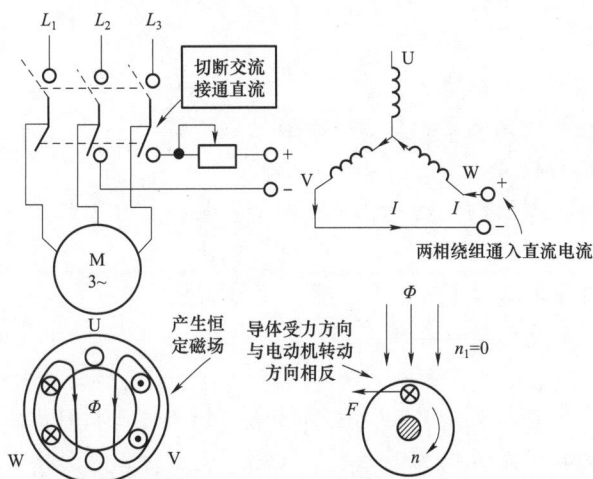

图 3-28　异步电动机的能耗制动

能耗制动的优点是制动力强、制动平稳、对电网影响小,缺点是需要一套直流电源装置,而且制动转矩随着电动机转速的减小而减小,不易制停。

学习工作单与考核表

任　务	三相异步电动机的起动、反转、调速、制动		
学习小组		姓名	
学习工作任务	学习工作任务完成评价		
工作任务 1：掌握三相异步电动机起动的方法	自我评价	小组评价	教师评价
工作任务 2：掌握三相异步电动机反转的方法	自我评价	小组评价	教师评价
工作任务 3：掌握三相异步电动机调速的方法	自我评价	小组评价	教师评价

→ 自测题

1. 填空题

（1）三相异步电动机的制动是指加上一个与电动机转向（　　　　　　）的转矩来使电动机迅速停转或限制电动机的转速。

（2）对于频繁起动、制动的电动机来说，即使容量不大，但起动、制动的时间占整个电动机工作时间的比例较大，会造成大电流持续时间长，产生（　　　　　　）。

（3）常用的降压起动方法有（　　　　　　）、（　　　　　　）、定子绕组串电阻或电抗降压起动、延边三角形降压起动。

2. 简答题

（1）一台三相异步电动机定子绕组为星形接法，如果把三相引出线中的两个头对调一个再接电源，旋转磁势的转向是否发生变化？如果定子绕组为三角形接法，转向又将如何？

（2）试述三相异步电动机的起动方法。

（3）什么叫三相异步电动机的速度调节？有哪几种调速方法？如何改变三相异步电动机的转向？

（4）什么叫三相异步电动机的制动？有哪几种制动方法？

任务 3.3 三相异步电动机的优点与保养

→ 布置任务

1. 认识三相异步电动机的优点
2. 了解 YJ217A 型异步牵引电动机的构造
3. 掌握 YJ217A 型异步牵引电动机的保养方法

→ 相关资料

1. 三相异步电动机的优点

与直流电动机相比，三相异步电动机有着显著的优越性能和经济指标，其优点如下。

1）功率大、体积小、质量轻

由于没有换向器和电刷装置，三相异步电动机可以充分利用空间，同时在高速范围内因不受换向器电抗电势及片间电压等换向条件的限制，可输出较大的功率，再生制动时也能输出较大的电功率，这对于发展高速运输是十分重要的。

2）结构简单、牢固，维修工作量少

三相异步电动机没有换向器和电刷装置，无须检查换向器和更换电刷，电动机的故障率大大降低。特别是鼠笼式异步电动机，转子无绝缘，除去轴承的润滑外，几乎不需要经常进行维护。

3）良好的牵引特性

由于三相异步电动机机械特性较硬，有自然防空转的性能，使黏着利用率提高。另外其对瞬时过电压和过电流不敏感（不存在换向器的环火问题），它在起动时能在更长的时间内发出更大的起动转矩。合理设计三相异步电动机的调频、调压特性，可以实现大范围的平滑调速，充分满足交流机车、动车组运行需要。

4）功率因数高，谐波干扰小

三相异步电动机电源侧可采用四象限变流器，可以在较广范围内保持动车组电网侧的功率因数接近于 1，电流波形接近于正弦波，在再生制动时也是如此，从而减小电网的谐波电流，这对改善电网的供电条件、减小通信信号干扰、改善电网电能质量和延长牵引变电站之间的距离十分有利。

2. YJ217A 型异步牵引电动机

HXD$_{3D}$ 型电力机车采用 YJ217A 型异步牵引电动机（见图 3-29），电动机采用架悬结构安装，单端联轴节输出，电动机带速度传感器和定子温度传感器（PT100 型双重传感器）；采用单轴承结构，非传动端装有绝缘圆柱滚子轴承，采用耐高温润滑脂润滑。电动机采用轴向强迫通风方式，冷却风从传动端进风口进入，经过转子通风孔、定子和转子间的气隙、定子通风孔，从非传动端端盖轴向排出；电机端盖为铸钢结构，在非传动端端盖处均设有注油口和注油标牌，方便定量补充润滑脂。

1）主要技术参数

额定功率	1 250 kW
额定电压	2 150 V
额定电流	390 A
恒功转速范围	1 333～2 782 r/min
最高转速	2 815 r/min（机车最高试验速度 176 km/h，轮径 1 250 mm）
恒功频率范围	45～91 Hz
额定转速	1 333 r/min
额定转矩	8 940 N·m
起动转矩	11 380 N·m
额定频率	45 Hz
额定效率	95%
功率因数	0.9
绕组连接	Y
极　数	4 极
冷却方式	强迫外通风，风量为 1.6 m³/s（静压 2 000 Pa）
电机重量	2 325 kg
对地耐压	1 分钟 3 240 V（新造时 5 400 V）（AC 50 Hz）
最高试验转速	3 378 r/min
电机转向	顺时针（从传动端看）
齿　轮　比	3.769（98/26）

2）组成结构

（1）定子。

定子无传统的框架式机座，采用硅钢片叠压而成，两端压圈压紧后用整体圆弧板焊接相连；定子采用矩形开口槽；定子槽内垫有槽绝缘，绕组为双层硬绕组，定子三相绕组 Y 形连接，通过铜排引入绝缘接线盒，三相引出线和接地线采用低烟无卤阻燃机车专用电缆；绕组采用聚酰亚胺薄膜带熔敷的导线（两根）并绕而成；定子绕组端部设置端箍，端箍通过支架与定子压圈固定；定子整体经过真空压力浸漆。YJ217A 型异步牵引电动机定子如图 3-30 所示。

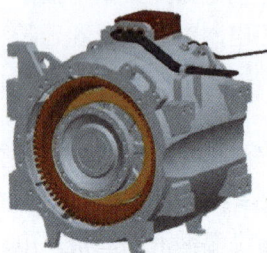

图 3-29　YJ217A 型异步牵引电动机　　　图 3-30　YJ217A 型异步牵引电动机定子

（2）转子。

转子鼠笼为池槽式对接结构，由高强度铬锆铜导条与端环通过感应钎焊而成。导条打入槽后，用专用工装将导条涨紧；为提高端环的强度，端环的内圆用转子压板支撑；转子组装联轴节后要做动平衡校正，避免高速旋转时因不平衡导致的振动。YJ217A 型异步牵引电动机转子如图 3-31 所示。

因转子采用鼠笼式，所以 YJ217A 型异步牵引电动机的保养非常简单。

① 检查转子导条有无松动，检查端环的裂纹及损伤情况。

② 检查各紧固螺栓有无松动。

③ 若导条、端环有处理过的迹象或平衡块有松动迹象，应重做动平衡校正。

图 3-31　YJ217A 型异步牵引电动机转子

（3）轴承。

电机采用单轴承结构，传动端采用联轴节与主动齿轮轴相连，在电机非传动端设置圆柱滚子轴承，考虑到定位轴承在齿轮箱内安装导致的配件公差积累较大，选择了 NUB 型圆柱滚子轴承。为了完全防止电腐蚀，轴承采用外圈绝缘轴承。

如果轴承有任何异常，例如断裂、凹痕、裂纹等损伤，须进行更换，并同时更换相同型号的滚柱轴承的内圈、外圈。

（4）速度传感器。

速度传感器由速度传感器本体和齿轮构成，检测牵引电动机的转速，将控制车辆速度用的矩形脉冲信号输送到控制装置。通过两个脉冲信号的交错，牵引电动机的旋转方向（前进后退）也同时进行检测。因此速度传感器在车辆行驶中起着非常重要的作用。

双脉冲式的速度传感器安装在非传动端的端面处。因为这个速度传感器将 2 个传感元件内置在 1 个传感器本体中，结构极为简单，速度传感器只安装在安装底座上，如图 3-32 所示，不需要进行缝隙调整等操作。

（5）温度传感器。

电动机定子铁心安装有一个温度传感器（PT100 型双重温度传感器），如图 3-33 所示。温度传感器用于监控定子的温度，保证电动机的安全运行。电动机非传动端预留轴承温度和振动传感器安装接口，用于安装 6A 系统实时监控电动机轴承温度和振动状态。

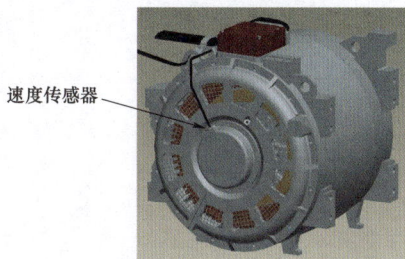

图 3-32　速度传感器

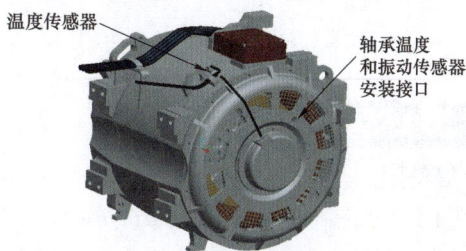

图 3-33　温度传感器

3）维护保养要求

为了保持牵引电动机连续正常运行，各部分能充分地发挥其机能，要经常进行定期检查。在确认各部分完好的同时，应适当更换、补充磨耗部分的易耗品。关于保养周期及方法，因使用状态不同，应很好地理解其结构，把握实际状态，制定适应实际状况的检查及保养标准后进行实施。

检查中应特别注意以下几点。

（1）旋转电动机时要防湿、防尘埃。

（2）给油要充分。

（3）磨耗部分要未达到磨耗限度。

（4）运行中无特别的声响或振动。

（5）要经常检查及整理修理记录，完善电机的履历。

学习工作单与考核表

任　　务	三相异步电动机的优点与保养			
学习小组		姓名		
学习工作任务		学习工作任务完成评价		
工作任务 1：认识三相异步电动机的优点		自我评价	小组评价	教师评价
工作任务 2：了解 YJ217A 型异步牵引电动机的构造		自我评价	小组评价	教师评价
工作任务 3：掌握 YJ217A 型异步牵引电动机的保养方法		自我评价	小组评价	教师评价

➔ 自测题

简答题

（1）三相异步电动机的优点有哪些？

（2）YJ217A 型异步牵引电动机由哪几部分组成？

（3）YJ217A 型异步牵引电动机有哪些维护保养要求？

模块 4

辅助电动机

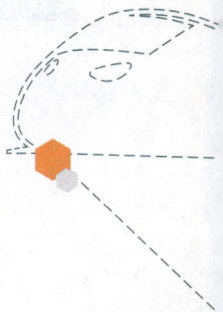

辅助电动机是指机车上用于驱动各种辅助机械的电动机。如通风机电动机、空气压缩机电动机、油泵电动机等。其通常采用直流电动机或异步电动机，在内燃机车中普遍采用直流电动机，电力机车中普遍采用异步电动机。

本模块主要学习机车劈相机工作原理与结构、交流辅助电动机结构及维护保养方法。

任务 4.1　电力机车劈相机工作原理与结构认知

➜ 布置任务

1. 掌握劈相机的工作原理
2. 掌握劈相机的起动方法
3. 掌握劈相机的结构特点

➜ 相关资料

异步劈相机是一种结构特殊、用途特殊的三相异步电动机。它是一种能实现单—三相变换的异步电动机，用于一切由单相电源供电，而又以三相异步电动机为负载的场合。在单相工频交流电力机车的辅助系统中，异步劈相机（简称"劈相机"）用来将主变压器辅助绕组供给的单相电源"劈成"三相，向辅助系统所有三相异步电动机供电。图 4-1 所示为异步劈相机工作原理线路图。

1. 劈相机的空载工况

当定子绕组 UOV 接至单相电源时，单相电流 i_p 由 U 相流入，从 V 相流出，该电流产生的磁场可以分解为两个幅值相等、转速相同、转向相反的旋转磁场，分别称为正序旋转磁场和负序旋转磁场。当劈相机转子静止不动时这两个旋转磁场在转子导体中感应出两个大小相等、方向相反的电势和电流，而产生两个大小相等、方向相反的电磁转矩，其合成起动转矩为零，故劈相机不能自行起动，这是劈相机的一个特点，也是一个缺点。因此，如何经济、可靠地实现劈相机的起动，是劈相机运行中必须首先解决的问题。

如果用某种方法使劈相机的转子转动起来，并达到额定转速。那么和转子转向一致的定子正序磁场与转子的相对速度很小，而和转子转向相反的定子负序磁场与转子的相对速度约

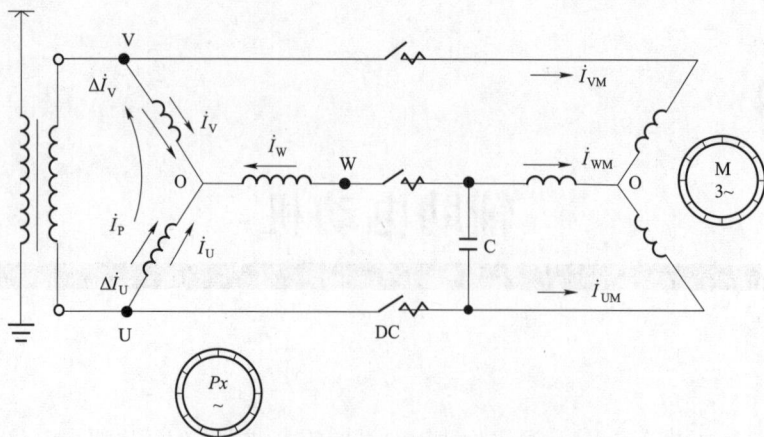

图 4-1　异步劈相机工作原理线路图

为两倍同步转速，定子负序磁场切割转子导体，在转子导体中感应出数值较大且频率为接近两倍电网频率的转子负序电势和电流。由于转子漏抗的显著增大，使转子负序电流在相位上滞后于转子负序电势 90° 电角度，从而使转子负序电流建立的磁场几乎抵消了定子负序磁场，气隙中的剩余负序磁场很微弱，这种现象称为转子的阻尼作用。异步电机的这种阻尼作用正是异步电机具有劈相机功能的基础。因此，当劈相机转子以额定转速转动时，可以认为气隙中只有正序磁场和正序磁通。

当劈相机转动起来以后，若劈相机不与外界电负载相接，称为劈相机空载工况。这时劈相机气隙中的正序磁场和磁通有两个作用：一是正序磁通和转子导体内感应的正序电流相互作用产生电磁转矩，用以克服转子的机械阻转矩及转子负序电流产生的电磁阻转矩，驱使转子沿着正序磁场的方向继续维持转动，这时劈相机实际上是作为一台单相异步电动机运行；二是正序磁场切割定子三相绕组，感应出三相电势，从劈相机三相负载端来看，它又是三相发电机。因此，从这两方面作用来看，劈相机是一台单相异步电动机和三相异步发电机的组合体，既可以在它的轴上接机械负载，又可以在它的 U、V、W 三相输出端接上电负载。

2. 劈相机的负载工况

当劈相机与三相电负载接通后，因 U、V 两相负载直接与单相电源相连，不需要经过劈相机即可直接从单相电源获得负载电流 i_{VM} 和 i_{UM}。W 相负载电流 i_{WM} 则由劈相机的 W 相提供。因为当电网 W 相缺相时，劈相机的 W 相电势高于 W 相端电压，从而使 W 相电流反相，源源不断地向三相负载输出第三相电流，这时电机才真正进入劈相机工况运行。由于专用劈相机的轴上均不带机械负载，故劈相机负载前后的轴输出机械功率是不变的，所以它的气隙正序磁场也应保持不变，但 W 相输出电流 i_W 产生的单相磁势将使气隙磁场发生变化，这就需要从 U 相和 V 相输入相应的附加电流面 Δi_U 和 Δi_V，以保持气隙正序磁场不变，而定子的负序磁场将随着 W 相电流 i_W 的增加而增加，这些新增加的负序磁场同样由转子产生新的负序电流去抵消，仍然保持气隙负序磁场几乎为零的特点。用数学关系式来表示上述两个物理现象，可把劈相机负载时的定子三相电流分解成两组：一组是劈相机空载时，仅在 U、V 相绕组中流过的单相电流，此电流与转子作用产生电磁转矩，以维持转子的继续转动，故称此电流为电动机电流，习惯上将 U、V 相绕组称为劈相机的电动相绕组；另一组是劈相机负载后，在三相绕组中重新加入的三相电流和 $\Delta \dot{i}_{\mathrm{W}}$，该电流与转子作用产生电磁阻转矩，相应地将这一组电流称为发电机电流，习惯上将 W 相绕组称为劈相机的发电相绕组。由此可知，当劈相机负载时，在劈相机的发电相绕组中仅有发电相电流 $\dot{i}_{\mathrm{W}}$、$\dot{i}_{\mathrm{P}}$、$\dot{i}_{\mathrm{Q1}}$ 流过，而在 U、V 电动相绕组中同时存在着电动机电流 $\dot{i}_{\mathrm{P}}$ 和发电机电流 $\Delta \dot{i}_{\mathrm{U}}$、$\Delta \dot{i}_{\mathrm{V}}$，劈相机负载后的定子三相电流的关系可写成：

$$\dot{I}_{\mathrm{U}} = \dot{I}_{\mathrm{P}} + \Delta \dot{i}_{\mathrm{U}}$$
$$\dot{I}_{\mathrm{V}} = -\dot{I}_{\mathrm{P}} + \Delta \dot{i}_{\mathrm{V}}$$
$$\dot{i}_{\mathrm{W}} = \dot{i}_{\mathrm{W}}$$

因此，劈相机无论是空载工况还是负载工况，其定子三相电流都是不对称的，这种三相电流的不对称是劈相机负载后三相电压不对称的重要原因之一，这将直接影响辅助电动机的正常运行。如何在劈相机负载后或负载变化时保持其输出三相电压的对称性，也是劈相机运用中必须解决的核心问题之一。

上述分析表明：劈相机实质上是一种本身只输出一相电流的异步电动机。劈相机工况实际上是三相异步电动机在不对称条件下运行的一个特例。

异步电动机进入劈相机工况一般应具备以下两个条件。

（1）电机轴上的机械负载不变。

（2）三相电网中 W 相缺相，使 W 相电流反相输出。

只要具备上述条件，一般的三相异步电动机同样具有劈相机功能。对于多台异步电动机并联运行的场合，如果电网突然缺相造成三相异步电动机单相运行，那么先运行的电动机便会自动投入劈相机工况来起动后面的电动机，当后面的电动机起动完成后，该电动机的劈相工况自动结束。根据这个原理 SS$_4$ 改型电力机车的每节内仅设置一台劈相机，另将一台牵引通风机电动机作为先导机，即它不仅是一台通风机，也是一台"劈相机"，在劈相机烧损或控制失灵的故障情况下，作为应急手段，实践证明这种设计是有益的。

3. 异步劈相机的起动

在单相电网中，劈相机不能自行起动，须采用特殊的起动方法。异步劈相机的起动方法有辅助电动机起动法和分相起动法两种。辅助电动机起动法是在劈相机的转轴上安装一台辅助电动机，起动时先由辅助电动机带动劈相机转子转动，待劈相机转速达到一定值时，将劈相机投入单相电网，并切除辅助电动机的电源。显然，这种起动方法需要增加设备，而且使劈相机的结构变复杂，维修困难，故一般都不采用这种方法。分相起动法分为电阻分相起动和电容分相起动两种。电阻分相起动具有线路简单、设备成本低等优点，因而得到广泛的应用，国产 SS 系列电力机车上的劈相机都采用电阻分相起动的方法。

劈相机电阻分相起动原理线路图如图 4－2（a）所示，图中 R$_\mathrm{Q}$ 为起动电阻。当劈相机的电动相绕组 UV 接通单相电源起动时，可以把定子绕组看作是由两相组成：一相是 VOU，它直接由单相电源供电；另一相是 VOW，它与起动电阻 R$_\mathrm{Q}$ 串联后由单相电源供电。这时流经 VOU 相电流 $\dot{I}_{\mathrm{Q1}}$ 滞后电压 $\dot{U}_{\mathrm{VU}}$ 90°电角度，而流经 VOW 相电流 $\dot{I}_{\mathrm{Q2}}$ 滞后 $\dot{U}_{\mathrm{VU}}$ φ 角（$\varphi < 90°$），如图 4－2（b）所示。这两个时间上有不同相位的起动电流通入在空间彼此相差一定电角度的两相绕组中，所产生的气隙合成磁场是一个旋转磁场，在该磁场的作用下能产生较大的起动转矩，使劈相机的转子转动起来。当转速达到同步转速的 80%～90% 时，借助接触器切除起

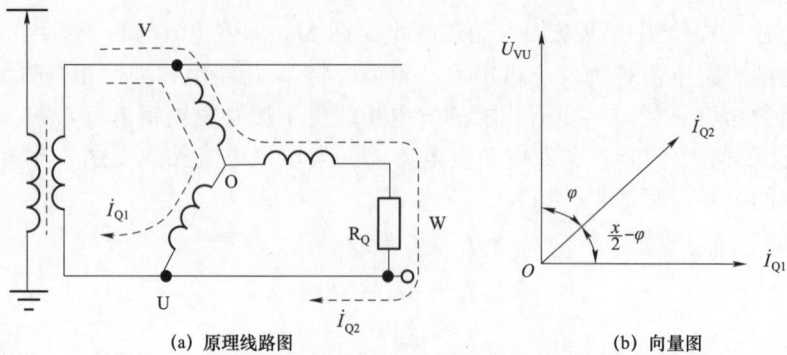

(a) 原理线路图　　　　　　　(b) 向量图

图 4-2　劈相机电阻分相起动原理

动电阻，起动即告完成，劈相机投入空载运行。

多年来，在 SS 系列电力机车上经常发生的劈相机烧损故障大部分发生在起动过程中，其主要原因是由于分相起动元件未能合理选择或正常接入。为了保证劈相机的可靠起动，应该解决以下两个问题。

（1）起动电阻值应合适，以获得最大的起动转矩。

由于起动电阻值的大小对发电相起动电流 $\dot{I}_{Q2}$ 的幅值和相位影响极大，起动电阻过大或过小都会使两相磁势的合成磁场成为一个幅值变动、非恒速的椭圆形磁场，从而使起动转矩变小。因此，对不同型号的劈相机而言都有一个相应的起动电阻最佳值。

（2）控制好切除起动电阻的时刻。

当劈相机的起动转矩达到最大值时，应及时切除起动电阻，起动电阻切除过早或过晚对

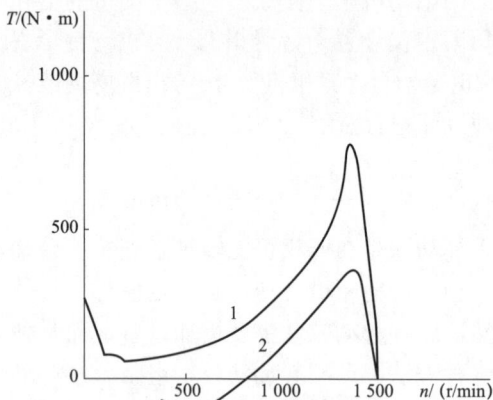

1—起动电阻为 0.79 Ω 时的转矩特性；
2—无起动电阻单相通电时的转矩特性。

图 4-3　YPX-280M-4 型劈相机的转矩特性

起动电阻和劈相机都是很不利的。图 4-3 所示为 YPX-280M-4 型劈相机的转矩特性，曲线 1 为起动电阻为 0.79 Ω 时的转矩特性，曲线 2 为无起动电阻单相通电时的转矩特性。由图 4-3 可见，该劈相机切除起动电阻的最佳时刻应为转速达到最大转矩所对应的转速 1 400 r/min，此时，切除起动电阻，劈相机转矩虽由 735 N·m 突然降至 441 N·m，但电磁转矩仍为正的加速转矩，因此劈相机仍能起动直至达到额定转速，但是，当劈相机转速低于 850 r/min 时提前切除起动电阻，则电磁转矩立即由某个正的加速转矩降为负的制动转矩，使劈相机转子迅速减速，相应的定子电流迅速接近堵转电流，而造成劈相机烧损。所以，在劈相机转速低于临界转速（YPX-280M-4 型劈相机为 850 r/min），尚未起动起来而过早切除起动电阻时，则会因劈相机起动失败，造成定子绕组流过单相大电流而烧损，这种故障习惯上称为"走单相"。反之，当劈相机转速达到最大转矩对应的转速以后，如不及时切除起动电阻，对劈相机和起动电阻也是不利的。这是因为随着转速的增加；流过起动电阻的发电相电流也随之增加，造成起动电阻过热而烧损或阻值增大；同时负序磁场随发电相电流的增加而增加，使转子导体中的负序电流增大，转子负序

电流与气隙正序磁场相互作用产生 100 Hz 的交变电磁转矩，使劈相机承受强烈的电磁振动。

为了保证劈相机可靠起动和避免劈相机起动过程中有害的电磁振动，SS 系列电力机车上的劈相机是采用专门设计的起动继电器来控制起动电阻的切除时刻。它是根据劈相机在最大起动转矩对应的转速附近发电相电压将会急剧增加的特点，正确利用发电相电压 $\dot{U}_W$ 与电网电压 $\dot{U}_{VU}$ 比值的变化来控制起动继电器的动作，在最大转矩点切除起动电阻，以保证劈相机可靠起动。另外，在实际使用劈相机时，还应注意以下几点。

（1）劈相机只允许空载起动，待劈相机起动完成后，才能逐个接通电动机负载。

（2）劈相机停止工作前应先断开电动机负载。劈相机运行中应特别防止接触网突然断电，劈相机转速下降到 1 200 r/min 以下不带起动电阻重新起动时，可能造成劈相机"走单相"故障的发生。

（3）劈相机起动时间不能过长，在最低网压（19 kV）下起动时间应不超过 15 s，在高网压（29 kV）下要防止过早切除起动电阻，造成劈相机在低速大电流下单相堵转。在一般情况下，连续起动次数不应超过 3 次，如仍不能起动，则应查明原因，消除故障后，方可再行起动。

4. 异步劈相机三相电压对称性的调整

使用由单相电源和劈相机组成的三相电源时，另一个需要解决的问题是劈相机负载后如何保证输出三相电压的对称性，以使三相负载得到实际对称的电压和电流，保证辅助电动机的正常运行。实际上，如果劈相机的定子三相绕组为对称绕组，当劈相机空载时其输出的三相端电压是对称的，而在劈相机负载以后，即使负载是对称的，其输出三相端电压也是不对称的。

1）劈相机负载后三相电压不对称的原因

通过前面的分析已知，劈相机负载时其电动相绕组中流过的既有电动机电流，又有发电机电流；而发电相绕组中只流过发电机电流，这说明劈相机的定子三相电流是不对称的，不对称电流引起不对称的阻抗压降。在感性负载状况下，发电机电流引起的阻抗压降将使绕组的端电压小于感应电势，而电动机电流引起的阻抗压降使绕组的端电压大于感应电势。因此，如果三相绕组对称，则三相感应电势是对称的，在劈相机负载后由于三相不对称的阻抗压降，仍会造成劈相机三相端电压的不对称。

此外，没有被完全抵消的气隙剩余负序磁场，也将在定子三相绕组中感应出负序电势，这就进一步加剧了三相电压的不对称。

2）改善劈相机三相电压对称性的措施

劈相机输出三相电压的不对称，将直接影响辅助电动机的正常运行，严重的三相电压不对称还将引起辅助电动机个别绕组过热而烧损，直接影响电力机车的正常工作。为了改善劈相机三相电压的对称性，通常采取以下措施。

（1）劈相机定子绕组采用三相不对称绕组。

根据输出负载的要求，相应地提高或降低某些相的电势，是改善劈相机在额定负载时三相电压对称性的主要方法。为此，劈相机的定子三相绕组匝数和空间相隔的电角度均应根据需要确定，其绕组选择的定性规律是：一方面要增加发电相 W 相的匝数，另一方面要减少电动相 V 相的匝数，即 WW＞WU＞WV。YPX－280M－4 型和 JP402A 型异步劈相机三相绕组匝数分别为：WW:WU:WV＝54:48:24。

应当指出，采用这种方法只能保证劈相机在额定负载、额定电压下三相电压的对称性。但劈相机的电负载是随机车运行工况而改变的，当负载变动及单相电源电压在 270～460 V 范围内波动时，劈相机的三相端电压也要随之改变，这将直接影响其三相电压的对称性。为了改善劈相机在负载变动时的三相电压对称性，还可采用并联电容器的措施。

（2）在负载侧的 U 和 W 端子上并联电容器。

劈相机的负载是三相异步电动机群，因机车运行工况的改变，电动机投入台数也不同，这就要求劈相机输出功率和功率因数随投入电动机数的差异而有所不同。为适应实际需要，可在负载侧的 U、W 端子并联一些电容器和电感元件，以扩展劈相机的容量，通过这些元件向负载提供 W 相电流。由它们辅助劈相机向负载提供电流，有利于改善三相电压的对称性。在实际使用中为了简化线路起见，一般只在负载侧的 U 和 W 端子间并联一定数量的电容器，图 4-4（a）为其接线原理图。这时，流经电容 C 的电流 $\dot{I}_{CK}$ 超前电压 $\dot{U}_{WU}$ 90°，如图 4-4（b）所示。在三相电压对称时，该电流对 W 相负载而言是提供正的电功率 $p_W = 0.5\dot{U}_W \cdot \dot{I}_{CK}$，这样就使单相电源通过电容向 W 相负载提供部分电流。因为电容 C 具有分相作用，故称为分相电容。

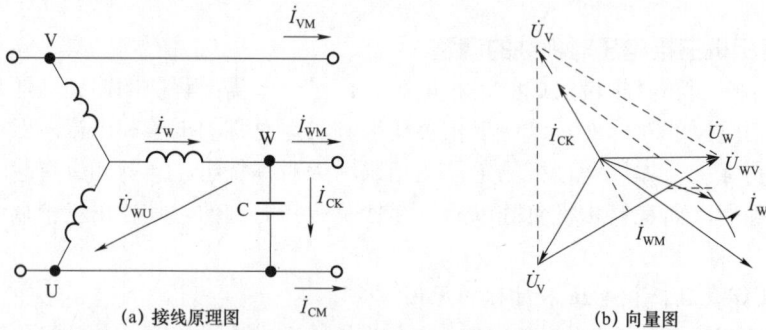

图 4-4　并联电容改善电压对称性

负载侧并联电容后可以减小流过劈相机 W 相的电流，从而降低劈相机三相电压的不对称度。设劈相机 W 相的负载电流 $\dot{I}_{WM}$ 滞后 $\dot{U}_W$ 一个 φ 角，则在没有并联电容时，负载电流 $\dot{I}_{WM}$ 即为流过劈相机 W 相电流 $\dot{I}_W$，而在并联电容后，流经劈相机 W 相电流为 $\dot{I}_W = \dot{I}_{WM} + \dot{I}_{CK}$。由图 4-4（b）可知，$\dot{I}_W$ 小于 $\dot{I}_{WM}$，$\dot{I}_W$ 的减小可使 $\dot{I}_U$ 和 $\dot{I}_V$ 也随之减小，从而减小各相阻抗压降对三相电压的影响。显然，只要随着负载的增减相应地增减并联电容的数量，就能保证劈相机负载变化时的三相电压对称性。另外，并联电容后可使发电相电流 $\dot{I}_W$ 相位超前，有利于提高劈相机的功率因数。对 SS$_4$ 改型电力机车在牵引工况下可视为在劈相机的 U1 和 W 端子间接有 4 个 12 kvar、138 μF 的电容器，在制动工况下接有 6 个 12 kvar、138 μF 的电容器，以保证机车辅助系统中输出三相线电压的不对称度在单相电源电压在 270～460 V 范围内不超过《机车辅助电机　第 2 部分：劈相机》（TB/T 1608.2—2013）中的有关规定。由于电动机并联电容后，会在合闸瞬间产生较大的合闸电流，因此频繁起动的电动机没有并联电容器。

5. 异步劈相的额定参数

由于劈相机实质上是一种其本身只输出一相电流的特殊异步电机，因此对劈相机的额定参数就有必要重新定义。《机车辅助电机　第 2 部分：劈相机》（TB/T 1608.2—2013）对劈相机的额定参数做了明确定义，由于该标准规定这些额定参数都是在三相电压对称条件下进行测量和考核的,因此,为了确切反映劈相机供电电压的对称性,引入了"电压和电流不对称度"的概念,所谓电压(或电流)不对称度是指三相电压(或三相电流)中的负序分量与正序分量的比值。标准规定对劈相机系统的三相不对称度是用三相电流不对称度小于 10%来测量和考核额定参数的。

1)额定功率

劈相机的额定功率是指在额定单相输入电压且负载三相电流不对称度小于 10%的条件下,劈相机能输出的三相电功率。它不包括电容分相的视在功率。劈相机在这样的负载下能连续工作,温升也不超过绝缘材料规定的限值。

2)额定电压

劈相机的额定电压是指在额定运行时的单相输入电压。国产劈相机的额定电压规定为 380 V。

3)额定电流

劈相机的额定电流是指在额定电压、额定负载下相对应的相电流。由于劈相机输出的三相电流中实际上只有 W 相电流由劈相机提供,因此劈相机额定电流首先是指劈相机在额定电压、额定负载下的三相输出电流,即发电相向负载提供的电流 i_w。为了清楚地表示劈相机单相变换的概念,又将单相输入电流作为劈相机的第二个额定电流,单相输入电流为单相电源向劈相机及其负载提供的总电流。

4)额定功率因数

劈相机的额定功率因数与额定电流对应有输入功率因数和输出功率因数两项。输入功率因数是指单相电源向劈相机及其负载供电的单相功率因数,它等于单相输入的有功功率与无功功率之比。输出功率因数是指劈相机向负载供电的三相功率因数,它可由劈相机的额定功率、额定三相输出电流和额定电压给出。一般情况下劈相机的输入功率因数低于输出功率因数,通常铭牌数据中只给出输入功率因数。

5)效率

劈相机的效率是指劈相机输出三相额定有功功率与单相输入有功功率之比。因为能量是通过气隙正序旋转磁场直接交换的,而且只变换了 W 相功率,所以劈相机效率比较高,一般在 90%以上。

6. 异步劈相机的结构特点

SS 系列电力机车上先后采用过 YPXZ-280M-4 型、JP402A 型、YPX-280M-4 型等型号的劈相机,它们都是由相近容量的三相异步电动机改型设计而成。各型劈相机的结构和一般的鼠笼式三相异步电动机结构相似,下面以 JP402A 型劈相机为例简要介绍其结构特点。

JP402A 型劈相机由定子和转子两部分组成,作为专用劈相机,轴上是不带任何机械负载的,故该电机无轴伸端。JP402A 型劈相机结构如图 4-5 所示。

1)定子

劈相机的定子由机座、定子铁心和定子绕组等组成。定子铁心采用 0.5 mm 厚、双面带有绝缘涂层的 DW470-50 冷轧电工钢片冲片叠压而成,铁心外径为 423 mm,内径为 280 mm,铁心长 310 mm,铁心内圆均匀冲有 60 个半闭口梨形槽。铁心采用外压装工艺将定子冲片叠压成型,紧固后压入机座以保证定子内圆和转子外圆同心。定子绕组为双层、短距、叠绕软绕组。JP402A 型劈相机定子绕组按图 4-6 所示的方式连接起来组成星接不对称三相绕组。

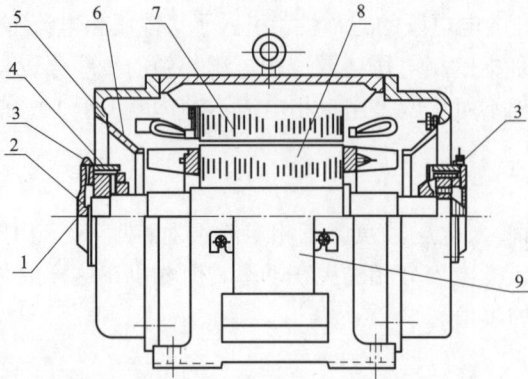

1—313Z1轴承；2—轴承外盖；3—油杯；4—轴承内盖；5—端盖；6—挡风板；7—定子；8—转子；9—接线罩。
图 4-5　JP402A 型劈相机结构

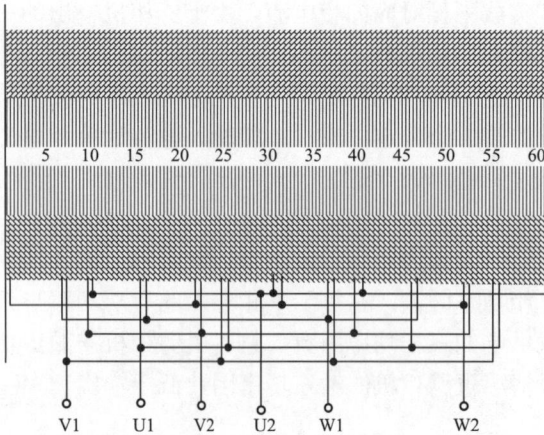

图 4-6　JP402A 型劈相机定子绕组展开图

定子采用 F 级绝缘，槽绝缘为一层 0.35 mm 厚复合绝缘 DMD，内层辅以两层 0.05 mm 厚聚酯薄膜。考虑到在最高电压下定子电流过大，将造成线圈端部导线受电动力作用向外张，故每个线圈端部均用涤纶带扎紧，以加强端部机械强度。绕组嵌线完成后，整个定子应浸渍 5152 无溶剂漆或 1032 三聚氰胺醇酸树脂漆两次。

2）转子

转子是劈相机实现相数变换的主要部件，旋转着的转子对定子负序磁场有很强的阻尼作用，转子绕组中的负序电流频率为电源频率的两倍，趋肤效应很强。根据这一运行特点，劈相机的转子均采用趋肤效应较差的单鼠笼式结构，而且转子槽形的设计应考虑在转子导条中负序电流渗透的有效高度范围内的槽形面积能尽可能大些，通常采用上宽下窄的倒梨形槽或中字形组合槽，如图 4-7 所示。

JP402A 型劈相机的转子为铸铝鼠笼式结构，它由转子铁心、单鼠笼绕组及转轴等组成。转子铁心用 0.5 mm 厚冷轧电工钢片冲片叠压成斜槽式，转子外径为 278 mm，共 50 个槽，槽形为倒梨形半闭口槽。鼠笼式转子的导条、端环、风叶和转子铁心是在专门的铸铝模内用铝液铸成一体，风叶间铸有校

(a) 组合槽　　(b) 梨形槽　　(c) 铜排槽
图 4-7　劈相机转子槽形图

正转子动平衡时用来固定平衡块的短圆柱。铸铝转子热套在转轴上，由于劈相机的转轴不需要传递大的电磁转矩，因此对转轴材料的强度要求不高，而对其刚度要求较高。

劈相机的定子铁心与转子铁心之间的气隙在 1 mm 左右，比一般同尺寸的三相异步电动机要大 15%～25%。由灰口铁铸成的端盖既是保证定子、转子同心度使气隙均匀的重要支撑部件，也是电机通风系统的重要部件。端盖上设有 3 个扇形进风口及装有挡风板的轴承盖，

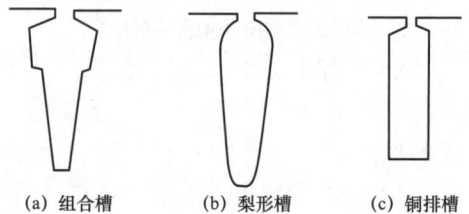

使冷却空气沿一定路径吹拂线圈表面、定子铁心，再从机座两侧和底面的出风口吹出。端盖中央的轴承孔内装有低噪声单列向心球轴承。轴承外盖上装有接头式压注油杯，以便向轴承的储油室注入润滑脂。

学习工作单与考核表

任　　务	电力机车劈相机工作原理与结构认知		
学习小组	姓名		
学习工作任务	学习工作任务完成评价		
工作任务 1：掌握劈相机的工作原理	自我评价	小组评价	教师评价
工作任务 2：掌握劈相机的起动方法	自我评价	小组评价	教师评价
工作任务 3：掌握劈相机的结构特点	自我评价	小组评价	教师评价

→ 自测题

1. 填空题

（1）劈相机的额定功率是指在额定单相输入电压且负载三相电流不对称度小于 10% 的条件下，劈相机能输出的（　　）。劈相机在这样的负载下能连续工作，温升也不超过绝缘材料规定的限值。

（2）劈相机的额定电压是指额定运行时单相输入电压。国产劈相机的额定电压规定为（　　）。

（3）劈相机的额定电流是指在额定电压、额定负载下相对应的相电流。由于劈相机输出的三相电流中实际上只有 W 相电流由劈相机提供，因此劈相机额定电流首先是指（　　）。

（4）劈相机的额定功率因数与额定电流对应有（　　）和（　　）两项。

2. 简答题

（1）SS_4 改型电力机车的劈相机如何起动？

（2）劈相机为什么采用不对称的三相绕组？

（3）试述劈相机的工作原理。

（4）什么是"走单相"？

（5）简述劈相机三相电压不对称的原因及电压不对称的调整方法。

任务 4.2 交流辅助电动机结构认知

➔ 布置任务

1. 掌握 SS_4 改型电力机车交流辅助电动机的结构
2. 掌握 SS_4 改型电力机车交流辅助电动机的基本技术参数
3. 掌握 SS_4 改型电力机车制动电阻通风机电动机的特点

➔ 相关资料

SS_4 改型电力机车辅助系统中使用着各种用途的辅助电动机共 18 台，如表 4-1 所示。这些电动机按用途可归纳为：压缩机电动机、通风机电动机、主变压器油泵电动机三类。SS_4 改型电力机车辅助电动机主要技术数据如表 4-2 所示。

表 4-1 SS_4 改型电力机车辅助电动机

序号	名称	代号	型号	数量	用途
1	劈相机	1MG	JP402A	2	
2	压缩机电动机	2MA	YYD-280S-6	2	驱动 NPT-5 型空气压缩机
3	牵引通风机电动机	3、4MA	YFD-280S-4	4	驱动 13-50-NO.6 型离心通风机
4	制动电阻通风机电动机	5、6MA	JD305	4	驱动 TZTF5.6 型轴流式通风机
5	变压器通风机电动机	7MA	JT61-2LA	2	驱动 TZTF6.0#F 型轴流式通风机
6	变压器油泵电动机	8MA	TG80-200/10D-2	2	驱动 TG80-200/10D-2 型潜油泵
7	辅助压缩机电动机	447MD	Z2-22D2	2	驱动 CA-10B 型压缩机

表 4-2 SS_4 改型电力机车辅助电动机主要技术数据

电机名称	压缩机电动机	牵引通风机电动机	制动电阻通风机电动机	变压器通风机电动机	变压器油泵电动机
电机型号	YYD-280S-6	YFD-280S-4	JD305	JT61-2LA	TG80-200/10D-2
额定功率/kW	37	37	30	14	10
功率因数	0.87	0.87	0.89	0.89	0.89
额定电压/V	380	380	380	380	380
额定电流/A	70	68	56.5	27.5	19.2
转速/（r/min）	983	1 480	2 950	2 900	2 940
绝缘等级	B	B	B	B	
效率/%	90	90	89	89	
重量/kg	485	440	210	315	

1. 压缩机电动机

压缩机电动机是用来驱动空气压缩机以产生供机车与列车制动装置及气动器件所使用的压缩空气。在 SS₄ 改型电力机车中，与 NPT-5 型空气压缩机配套的电动机为 YYD-280S-6 型电动机。其结构与普通三相鼠笼式异步电动机相似，由定子（机座、定子铁心、定子绕组）、转子（转子铁心、转子绕组、转轴），以及端盖、轴承盖等组成，YYD-280S-6 型电动机结构如图 4-8 所示。

定子铁心采用 0.5 mm 厚的冷轧电工钢片冲片叠压而成。定子铁心外径为 423 mm，内径为 300 mm，铁心长 250 mm。定子槽形为半闭口槽，共 72 槽，定子绕组为双层、短距、叠绕软绕组。YYD-280S-6 型电动机定子绕组接线原理如图 4-9 所示。

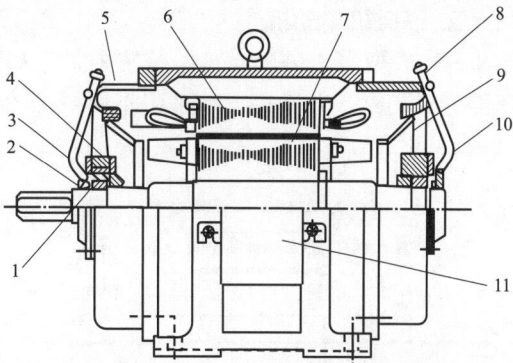

1—2313Z1 轴承；2—轴承外盖；3—油杯；4—轴承内盖；
5—端盖；6—定子；7—转子；8—加油管及油杯；
9—挡风板；10—313Z1 轴承；11—接线罩。

图 4-8　YYD-280S-6 型电动机结构

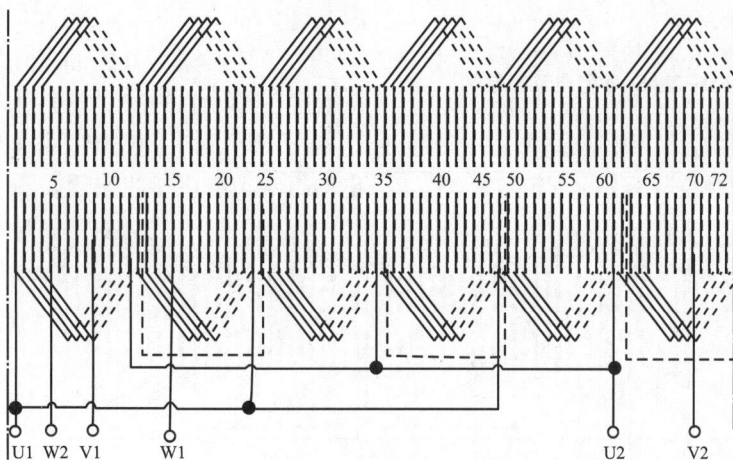

图 4-9　YYD-280S-6 型电动机定子绕组接线原理

转子铁心用 0.5 mm 厚冷轧电工钢片冲片叠压而成。转子铁心外径为 298.8 mm，内径为 100 mm，转子槽形为刀形槽，共 56 槽，槽斜 13 mm。转子采用铸铝结构，瑞环、风叶、平衡柱及槽内导体用铝一次铸成，并热套于转轴上。

机座、端盖及轴承盖均由灰口铁铸成。在机座出线侧的筋上与定子铁心间装有 2 个定位用紧固螺栓。轴承外盖上装有接头式压注油杯。传动端装有 2313Z1 低噪声单列向心滚子轴承，非传动端装有 313Z1 低噪声单列向心球轴承。

NPT-5 型空气压缩机设计的轴功率为 22 kW，YYD-280S-6 型电动机的额定功率为 37 kW，以此保证在较低电压下机组仍能可靠运行，电动机转速不会因网压过低而失速，在高网压下定子绕组温升不致过高。

此外，由于电力机车上的受电弓和主断路器均系气动高压电器，必须用标定压力的压缩空气才能使其正常工作。SS₄ 改型电力机车上还设置了一台 CA-10B 型空气压缩机，由

Z2-22D2 型并励直流电动机直接驱动。该电动机功率为 1.1 kW，电压为 110 V，电流为 13 A，转速为 1 500 r/min，由机车蓄电池供电。

2. 通风机电动机

SS$_4$ 改型电力机车通风系统按主要冷却对象可分为：牵引通风支路、制动通风支路和变压器通风支路，各通风支路采用不同型式的通风机组，用不同型式的电动机驱动。

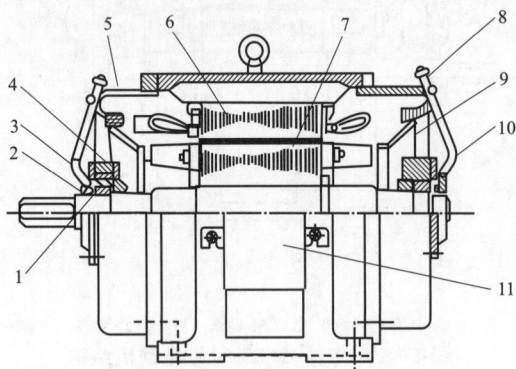

1—2313Z1 轴承；2—轴承外盖；3—加油管及油杯；
4—轴承内盖；5—端盖；6—定子；7—转子；8—油杯；
9—挡风板；10—313Z1 轴承；11—接线罩。

图 4-10　YFD-280S-4 型电动机结构

1）牵引通风机电动机

牵引通风机组（通风机及其驱动电动机）用来冷却牵引电动机、硅整流柜及平波电抗器。因为所需要的风量大、风道又长，所以选用 4 台 13-50-NO.6 型离心通风机，分 4 组进行冷却。配套的电动机为 YFD-280S-4 型电动机，其结构与普通三相鼠笼式异步电动机相似，由定子（机座、定子铁心、定子绕组）、转子（转子铁心、转子绕组、转轴），以及端盖、轴承盖等组成，YFD-280S-4 型电动机结构如图 4-10 所示。

定子铁心采用 0.5 mm 厚的冷轧电工钢片按给定图形冲制的冲片叠压而成。定子铁心外径为 423 mm，内径为 280 mm，铁心长 195 mm。定子槽形为半闭口槽，共 60 槽。定子绕组为双层、短距、叠绕软绕组。YFD-280S-4 型电动机定子绕组接线原理如图 4-11 所示。

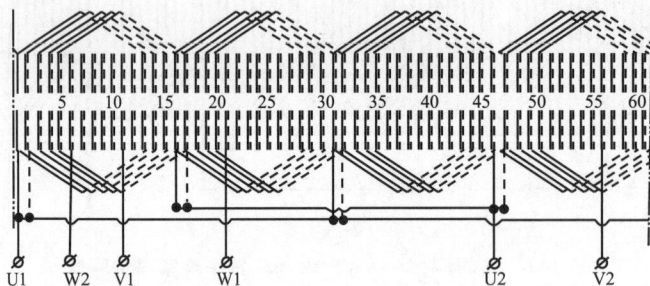

图 4-11　YFD-280S-4 型电动机定子绕组接线原理

转子铁心用 0.5 mm 厚冷轧电工钢片冲片叠压而成。转子外径为 278.3 mm，内径为 100 mm，转子槽形为刀形槽，共 50 槽，槽斜 15 mm。转子采用铸铝结构，端环、风叶、平衡柱及槽内导体用铝一次铸成，并热套于转轴上。

机座、端盖及轴承盖均由灰口铁铸成。在机座出线侧的筋上与定子铁心间装有 2 个定位用紧固螺栓。轴承外盖（或加油管）上装有接头式压注油杯。传动端装有 2313Z1 低噪声单列向心滚子轴承，非传动端装有 313Z1 低噪声单列向心球轴承。

YFD-280S-4 型电动机额定功率为 37 kW，在 SS$_4$ 改型电力机车上的实际使用功率不大于 23 kW。

2）制动电阻通风机电动机

制动电阻通风机组（通风机及其驱动电动机）用来冷却制动电阻柜，由于需要的风量大、风道短及安装位置限制，选用 4 台立式安装的 TZTF5.6 型轴流式通风机，并与驱动电动机装在同一个双圆筒形机壳内，成为一个整体。驱动电动机为 JD305 型（自通风防护式三相异步）电动机，其结构与普通三相鼠笼式异步电动机相似，由定子（机座、定子铁心、定子绕组）、转子（转子铁心、转子绕组、转轴），以及端盖、轴承盖等组成，其结构如图 4-12 所示。

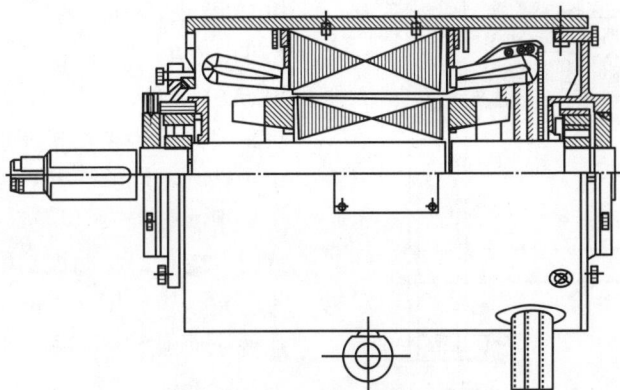

图 4-12　JD305 型电动机结构

定子铁心采用 0.5 mm 厚的冷轧电工钢片冲片叠压而成。定子铁心外径为 327 mm，内径为 182 mm，铁心长 180 mm。定子槽形为半闭口槽，共 36 槽。定子绕组为双层、短距、叠绕软绕组。JD305 型电动机定子绕组接线原理如图 4-13 所示。

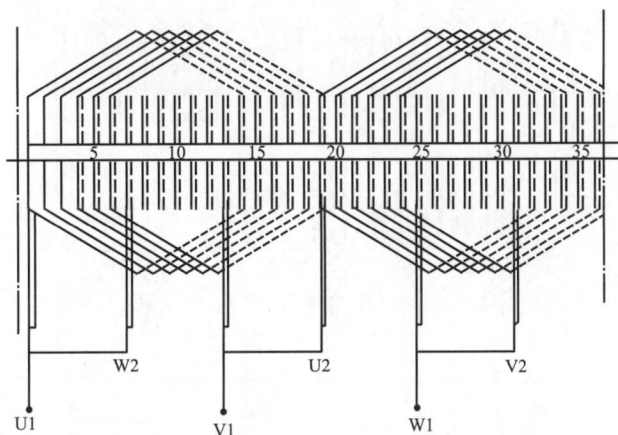

图 4-13　JD305 型电动机定子绕组接线原理

转子铁心用 0.5 mm 厚冷轧电工钢片冲片叠压而成。转子外径为 180 mm，内径为 70 mm，转子槽形为刀形槽，共 28 槽，槽斜 16 mm。转子采用铸铝结构。

机座、端盖及轴承盖均由灰口铁铸成。在机座出线侧的筋上与定子铁心间装有 2 个定位用紧固螺栓。整机装有两个加油管，两个排油管，均从机壳外壁一直伸到轴承油室，每根加油管上装有一个直通式压注油杯。传动端装有 66312Z1 单列向心推力球轴承，非传动端装有 312Z1 低噪声单列向心球轴承。

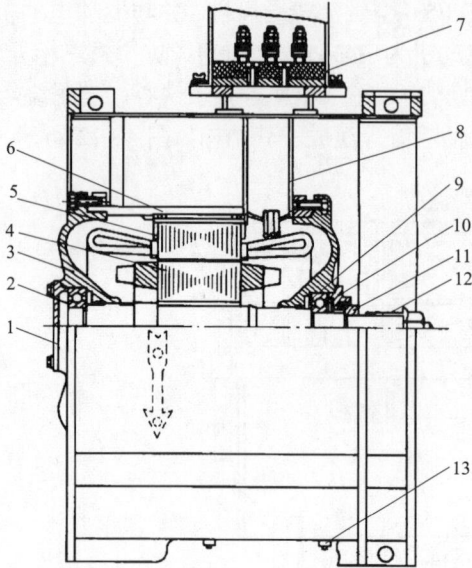

1—前轴承盖；2—轴承；3—端盖；4—转子；5—定子；
6—机座；7—接线板；8—橡胶管；9—轴承；10—后轴承盖；
11—曲路环；12—键；13—加油管及油杯。

图 4-14　JT61-2LA 型电动机结构

JD305 型电动机额定功率为 30 kW，在 SS$_4$ 改型电力机车上的实际使用功率不大于 20 kW。

3）变压器通风机电动机

变压器通风机组（通风机及其驱动电动机）用来冷却主变压器油散热器。选用 TZTF6.0#F 型轴流式通风机，驱动电动机采用 JT61-2LA 型电动机，其结构与封闭式三相鼠笼式异步电动机相似，由定子（机座、定子铁心、定子绕组）、转子（转子铁心、转子绕组、转轴），以及端盖、轴承盖等组成，JT61-2LA 型电动机结构如图 4-14 所示。

定子铁心用 0.5 mm 厚冷轧电工钢片冲片叠压而成。定子铁心外径为 327 mm，内径为 182 mm，铁心长 95 mm。定子槽形为半闭口槽，共 36 槽。定子绕组为双层、短距、叠绕软绕组。JT61-2LA 型电动机定子绕组接线原理如图 4-15 所示。

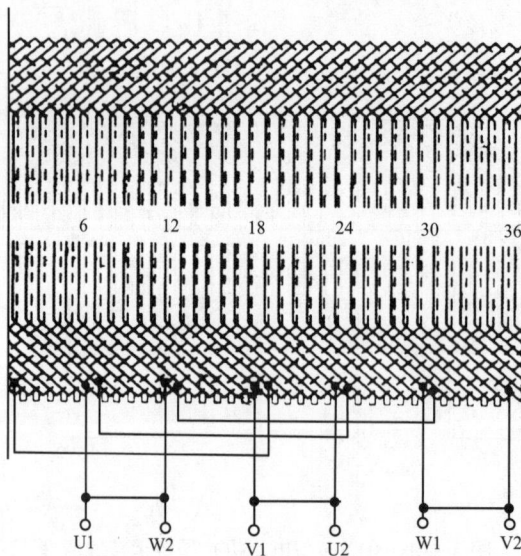

图 4-15　JT61-2LA 型电动机定子绕组接线原理

转子铁心用 0.5 mm 厚冷扎电工钢片冲片叠压而成。转子外径为 180 mm，内径为 65 mm，转子槽形为半闭口平行槽，共 28 槽。转子采用铸铝结构，端环、风叶、平衡柱及槽内导体用铝一次铸成，并热套于转轴上。

机座、端盖及轴承盖均由灰口铁铸成。整机装有两个加油管，从双圆筒形机壳外壁一直伸到轴承盖油室，每根加油管上装有一个直通式压注油杯。传动端两端各装有一个低噪声单列向心球轴承。

JT61-2LA 型电动机额定功率为 14 kW，在 SS₄ 改型电力机车上的实际使用功率不大于 11.6 kW。

3. 变压器油泵电动机

主变压器装有 2 台变压器油泵机组，用来强迫变压器油循环，提高变压器的散热能力。TG80-200/10D-2 型潜油泵是一种驱动电动机和油泵组合为一体的特殊电动油泵。其型号意义是："TG" 表示特种、全钢板结构；"80" 表示油泵流量为 80 m³/h；"200" 表示油泵扬程为 200 kPa；"10D" 表示电动机功率为 10 kW；"2" 表示驱动电动机极数为 2。图 4-16 所示为 TG80-200/10D-2 型潜油泵结构。

油泵为离心式泵，单级离心式叶轮直接装在驱动电机的轴端，靠叶轮旋转的离心力对变压器油产生扬程，泵壳通过 O 形密封圈将叶轮排出的高速油流的动能转化成压力，在泵壳的吸入口与出口之间形成正负压力区，强迫变压器油沿着一个方向流动。驱动电动机为特殊设计的三相鼠笼式异步电动机，与一般电动机不同之处是在油泵工作时，变压器油经泵壳的高压油区，由前轴承座上的几个进油孔将油压入机体内，经绕组及铁心、后轴承，再经电机轴中心回油孔和前轴承流回泵壳的低压油区，如此循环冷却。所以潜油泵工作时，电机内充满着流动的变压器油，改善了电机的冷却条件，保证油泵能长期有效工作。此外，油的循环还可润滑轴承。油泵的各密封部位与连接部位（如进出口法兰、止口、塞子等）均采用耐油橡胶垫密封。

单位：mm

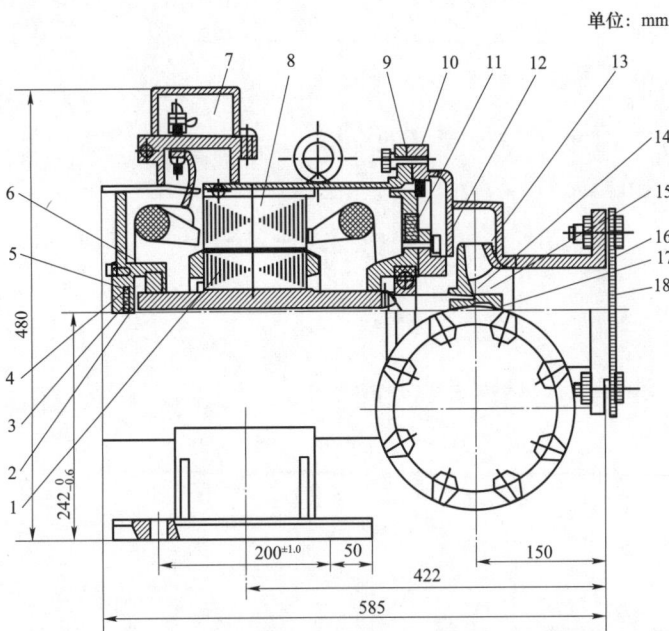

1—转子；2—挡圈；3—视窗玻璃；4—O 形圈；5—视窗盖；6—E308Z1 轴承；
7—接线装置；8—定子；9—O 形密封圈；10—泵壳；11—前轴承座；12—前轴承盖；
13—叶轮；14—键；15—外舌止退垫圈；16—胶垫；17—叶轮螺母；18—进口盖板。

图 4-16 TG80-200/10D-2 型潜油泵结构

潜油泵的泵壳及机座均采用钢板件焊接成形，叶轮为铸铁件，接线板采用酚醛玻璃纤维板并经绝缘处理，接线柱在接线板上呈三角状分布。前后端轴承均采用 E308Z1 单列向心球轴承。电动机定子铁心外径为 245 mm，内径为 136 mm，铁心长 125 mm。定子槽形为半闭口槽，共 24 槽。定子绕组为单层同心式，TG80−200/10D−2 型潜油泵电动机定子绕组接线原理如图 4−17 所示。转子为铸铝鼠笼式结构，共 20 槽。

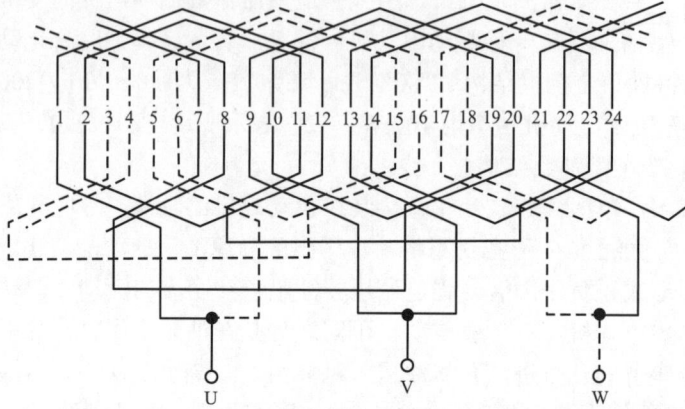

图 4−17　TG80−200/10D−2 型潜油泵电动机定子绕组接线原理

学习工作单与考核表

任　　务	交流辅助电动机结构认知		
学习小组		姓名	
学习工作任务	学习工作任务完成评价		
工作任务 1：掌握 SS$_4$ 改型电力机车交流辅助电动机的结构	自我评价	小组评价	教师评价
工作任务 2：掌握 SS$_4$ 改型电力机车交流辅助电动机的基本技术参数	自我评价	小组评价	教师评价
工作任务 3：掌握 SS$_4$ 改型电力机车制动电阻通风机电动机的特点	自我评价	小组评价	教师评价

→ **自测题**

1. 填空题

（1）压缩机电动机是用来驱动空气压缩机以产生供机车与列车制动装置及气动器件所使用的（　　　）。在 SS$_4$ 改型电力机车中，与 NPT−5 型空气压缩机配套的电动机为 YYD−280S−6 型电动机。

（2）变压器通风机组（通风机及其驱动电动机）用来冷却（　　　）。选用 TZTF6.0#F 型轴流式通风机，驱动电动机采用 JT61−2LA 型电动机，其结构与封闭式三相鼠笼式异步电动机相似。

（3）潜油泵的泵壳及机座均采用钢板件焊接成形，叶轮为铸铁件，接线板采用酚醛玻璃纤维板并经绝缘处理，接线柱在接线板上呈（　　　）分布。

2. 简答题

（1）电力机车辅助电动机运行条件有何特点？

（2）辅助机械选配电动机时应注意什么？

（3）简述各辅助电动机的用途及其主要结构特点。

任务 4.3　交流辅助电动机维护保养

→ **布置任务**

1. 掌握定子绕组的维护保养规定
2. 掌握转子的维护保养规定
3. 掌握电动机端盖、轴承及轴承盖的维护保养规定

→ **相关资料**

交流辅助电动机的工作状况直接影响电力机车的运行，因此必须加强对交流辅助电动机的维护保养，使其处于良好的工作状态。

1. 定子绕组的维护保养

定子绕组检查的重点是其绝缘性能。定子绕组绝缘不应有破损、老化和过热现象。如遇轻微破损时，可用快干绝缘漆涂补或用相应的绝缘材料进行包扎。如破坏严重或过热、老化，则应按大修规范更换定子绕组。

定子绕组端部的刚度和抗弯、抗扭强度主要取决于绑扎和绝缘处理的质量，对绕组运行可靠性影响很大，因此，线圈端部若有松弛、断裂，应重新进行绑扎。

定子槽楔应无裂纹、松弛现象，否则应将定子置于烘箱内按绝缘耐热等级加热，待槽楔相关绝缘软化后，更换新的槽楔。

用 500 V 兆欧表测量定子绕组对地及相间绝缘电阻值，均不得低于 10 MΩ，若绝缘电阻偏低，一般是由于定子绕组绝缘受潮引起的，可进行干燥处理，干燥温度控制在 150 ℃以下，烘干 4 h。

2. 转子的维护保养

转子检修时，若发现转子铸铝导条断裂，端环有裂纹应进行更新处理。转子铁心间如有摩擦痕迹，应进一步检查转轴是否弯曲，轴承及端盖的装配是否正常，有无可能因此造成气隙不均匀，产生较大的单边磁拉力使铁心偏向一方。转轴的弯曲程度可在动平衡机上校验，如转子铁心中部弯曲超过公称气隙值的 20%，则需要更换转轴。

检查转轴和铁心之间的装配情况，如发现松弛、位移，应查明原因。转轴配合部的轴径尺寸公差超限，或转子铁心内径松旷，应更换转轴或铁心。

转轴轴径尺寸及表面粗糙度应符合规定要求，如有锈蚀，可用油光锉及细砂布打磨消除。轴径磨损，尺寸偏差超限时，视超限程度采用镀铬恢复。若偏差较大镀层结合能力下降，则应更换。检查转轴的同时还应注意检查键槽的配合状态。

3. 电机端盖、轴承及轴承盖的维护保养

端盖及轴承盖一般为铸铁件，检查时应注意是否有裂纹，局部裂纹可焊修，若裂纹扩展到轴承安装部位，焊修会引起变形，则应更换端盖。

检查轴承表面，若有轻微锈迹，可用细砂纸擦拭。擦拭除锈后再用汽油清洗一次。手持轴承内圈转动轴承，检查是否轻快、灵活，有无异常噪声。

端盖轴承镶入孔尺寸及表面粗糙度应符合规定要求。镶入孔因磨耗松旷时，装入轴承后，轴承外径和镶入孔之间将出现异常间隙，电动机运行时会发出异常噪声，电动机起动时，异常噪声更加明显。镶入孔尺寸可用内径千分尺测量，也可在装入轴承时凭经验来判断轴承和镶入孔配合的松紧程度。

4. 其他方面

（1）检查机座是否有破损、裂纹，定子铁心与机座的压装配合不应松弛。

（2）检查接线板有无放电和裂纹，检查引线、接线端子连接是否良好。引线绝缘如有老化、龟裂现象时应更换。

（3）经常清扫机座上的灰尘和油垢，以保证电机有良好的散热能力。

（4）辅助电动机运行时，配套的保护装置及控制设备应能同时有效投入，起监视、保护与控制功能。

（5）各辅助电动机连续起动次数不应超过 3 次，如仍不能起动，则应查明原因，消除故障后方能再投入运行。

学习工作单与考核表

任　务	交流辅助电动机维护保养		
学习小组		姓名	
学习工作任务		学习工作任务完成评价	
工作任务 1：掌握定子绕组的维护保养规定	自我评价	小组评价	教师评价

学习工作任务	学习工作任务完成评价		
工作任务 2：掌握转子的维护保养规定	自我评价	小组评价	教师评价
工作任务 3：掌握电动机端盖、轴承及轴承盖的维护保养规定	自我评价	小组评价	教师评价

→ 自测题

1. 填空题

（1）辅助电动机运行时，配套的保护装置及控制设备应能同时有效投入，起（　　　）、（　　　）功能。

（2）检查机座是否有破损、裂纹，定子铁心与机座的压装配合不应（　　　）。

（3）检查接线板有无放电和裂纹，检查引线、接线端子连接是否良好。引线绝缘如有老化、龟裂现象时应（　　　）。

2. 简答题

交流辅助电动机维护保养的内容有哪些？

模块 5

主 变 压 器

主变压器（又称为牵引变压器），是交—直流传动电力机车中的重要电器设备，其作用是将接触网上取得的单相工频交流 25 kV 高压电降为机车各电路所需的电压。主变压器一般安装在机车中部，一部分在车体内，另一部分在车体的底架下部。主变压器的设计及结构均有自身的特点。

任务 5.1　主变压器工作原理认知

➜ 布置任务

1. 掌握（主）变压器工作原理
2. 分析变压器空载与负载运行

➜ 相关资料

1. 变压器的工作原理

变压器的工作原理如图 5-1 所示。在绕组 N_1 上外施交流电压 $\dot{U}_1$，便有交流电流 $\dot{I}_1$ 流入，因而在铁心中激励出交变磁通 $\dot{\Phi}$。根据电磁感应定律可知，磁通 $\dot{\Phi}$ 中的交变会在绕组 N_2 中感应出电势 $\dot{E}_2$，此时若绕组 N_2 接上负载，就会有电能输出。由于绕组的感应电势正比于它的匝数，因此只要改变绕组 N_2 的匝数，就能改变感应电势 $\dot{E}_2$ 的大小，这就是变压器的工作原理。

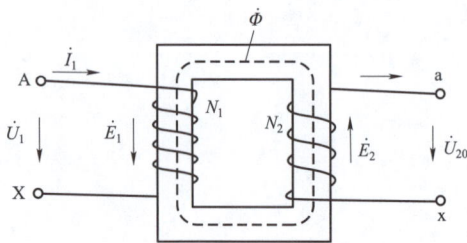

绕组 N_1 从电源吸收电能，称为原边绕组，有关原边绕组的各量均以下标"1"来表示，例如原边绕组的功率、电流、电阻分别为 P_1、I_1、R_1；绕组 R_2 向负载输出电能，称为副边绕组，有关副边绕组的

图 5-1　变压器的工作原理

各量均以下标"2"来表示，如副边绕组的功率、电流、电阻分别为 P_2、I_2、R_2。若原边绕组为高压绕组，副边绕组为低压绕组则该变压器就是降压变压器；若原边绕组为低压绕组，副边绕组为高压绕组则该变压器就是升压变压器。

2. 变压器的空载运行

空载运行是指变压器的原边绕组接在电源上，副边绕组不带负载（开路，$\dot{I}_2=0$）时的状态。为了便于理解变压器的电磁关系，以下按照由简到繁的顺序先从理想变压器的空载运行开始分析。所谓理想变压器是指绕组没有电阻，铁心中没有损耗，磁路不饱和且没有漏磁通的变压器。

变压器是接在交流电源上工作的，其中的电压、电流、电势及磁通的大小和方向都随时间而变化，要研究这些量之间的关系及计算它们的数值，必须首先规定它们的正方向。正方向的规定是人为的，习惯上将变压器中各电磁量的正方向做如下规定。

（1）电位降用电压 $\dot{U}$ 表示；电位升用电势 $\dot{E}$ 表示。

（2）原边绕组电压 $\dot{U}_1$ 的正方向是从原边绕组的首端 A 指向末端 X。

（3）原边绕组电流 $\dot{I}_1$ 的正方向是从原边绕组的首端 A 指向末端 X，即原边绕组电压的正方向和电流的正方向一致。

（4）磁通 $\dot{\Phi}$ 的正方向与电流入的正方向之间符合右手螺旋定则。

（5）原边绕组感应电势 $\dot{E}_1$ 的正方向和副边绕组感应电势 $\dot{E}_2$ 的正方向与产生它们的磁通中的正方向之间亦符合右手螺旋定则。

1）理想变压器空载时的电压方程

空载时原边绕组上接电源电压 $\dot{U}_1$（正弦交流电），原边绕组中流过的电流 $\dot{I}_1$ 用 $\dot{I}_0$ 表示，被称为空载电流 $\dot{I}_0$。空载电流 $\dot{I}_0$ 产生空载磁势 $\dot{I}_0 N_1$ 加在变压器的铁心磁路上。由于铁心中的磁场就是由 $\dot{I}_0 N_1$ 建立的，所以又称空载磁势 $\dot{I}_0 N_1$ 为励磁磁势，空载电流 $\dot{I}_0$ 又被称为励磁电流。励磁磁势 $\dot{I}_0 N_1$ 在铁心中激励起按正弦变化的磁通 $\dot{\Phi}$，该磁通同时与原边、副边绕组交链，通过铁心回路闭合，称为主磁通，其幅值用 $\dot{\Phi}_m$ 表示，它在原边和副边绕组中产生感应电势 $\dot{E}_1$ 和 $\dot{E}_2$。

根据电磁感应定律，可推导出原边、副边绕组感应电势的有效值为：

$$\dot{E}_1 = 4.44 f N_1 \dot{\Phi}_m \tag{5-1}$$

$$\dot{E}_2 = 4.44 f N_2 \dot{\Phi}_m \tag{5-2}$$

式中：$\dot{E}_1$、$\dot{E}_2$——原、副边绕组感应电势的有效值，V；

N_1、N_2——原、副边绕组的匝数；

$\dot{\Phi}_m$——主磁通的幅值，Wb；

f——正弦交流电的频率，Hz。

式（5-2）表明了感应电势与主磁通的关系，而主磁通与励磁电流的关系由磁化曲线相联系。因而感应电势与励磁电流之间必然存在着一定的关系。通过进一步的分析可知，理想变压器原边绕组感应电势与励磁电流 $\dot{I}_0$ 之间的关系可以用一个电抗来表达，即：

$$\dot{E} = -\mathrm{j}\dot{I}_0 X_m \tag{5-3}$$

式中的 X_m 称为变压器的励磁电抗，它是表示铁心磁化性能的一个参数；X_m 与铁心绕组的电感 L_m 相对应，因而它与原边绕组匝数 N_1 的平方和铁心磁路的磁导 Λ_m 成正比，即：

$$X_m = \omega L_m = 2\pi f N_1^2 \Lambda_m \tag{5-4}$$

根据正方向的规定和基尔霍夫定律可知，理想变压器空载时原边绕组电压方程为：

$$\dot{U}_1 = -\dot{E}_1 \qquad (5-5)$$

式（5-5）表明，在理想变压器中，外加的电源电压 $\dot{U}_1$ 和原边绕组中的感应电势 $\dot{E}_1$ 在数值上是相等的，而在相位上相差 $180°$。因此可以得到：

$$\dot{U}_1 = \dot{E}_1 = 4.44fN_1\dot{\Phi}_m \qquad (5-6)$$

式（5-6）表明，一定幅值的外加电压 $\dot{U}_1$，产生一定幅值的交变磁通 $\dot{\Phi}_m$，以建立与电压平衡的感应电势。即在频率 f 和匝数 N_1 不变的条件下，电压 $\dot{U}_1$ 正比于磁通 $\dot{\Phi}_m$，或者说，若外加电压 $\dot{U}_1$ 不变，则磁通也不变。变压器运行时铁心中的磁通基本上不变，这是分析变压器运行情况的一个基本概念。

根据正方向的规定和基尔霍夫定律可知，副边绕组输出的空载电压 $\dot{U}_{20}$ 等于副边绕组感应电势 $\dot{E}_2$，即变压器空载时副边绕组电压方程为：

$$\dot{U}_{20} = \dot{E}_2 \qquad (5-7)$$

2）变压器的变压比

变压器的变压比用 K 表示，它的定义为原边绕组电势 $\dot{E}_1$ 与副边绕组电势 $\dot{E}_2$ 之比，即：

$$K = \frac{\dot{E}_1}{\dot{E}_2} \qquad (5-8)$$

根据 $\dot{E}_1 = 4.44fN_1\dot{\Phi}_m$，$\dot{E}_2 = 4.44fN_2\dot{\Phi}_m$，$\dot{U}_1 = -\dot{E}_1$，$\dot{U}_{20} = \dot{E}_2$ 及变压器额定电压的定义可得：

$$K = \frac{\dot{E}_1}{\dot{E}_2} = \frac{N_1}{N_2} = \frac{\dot{U}_1}{\dot{U}_{20}} = \frac{\dot{U}_{1N}}{\dot{U}_{2N}} \qquad (5-9)$$

式（5-9）表明，变压器的变压比等于原边、副边绕组的匝数之比，等于原边绕组电压与副边绕组空载电压之比，也等于原边绕组额定电压与副边绕组额定电压之比。在实际的变压器中，$K = \dfrac{\dot{U}_{1N}}{\dot{U}_{2N}}$ 只是近似的。变压比 K 是变压器的一个重要参数。

3）实际变压器空载时的电压方程

实际变压器空载运行时有铁磁损耗和磁路饱和的问题，则原边绕组感应电势 $\dot{E}_1$ 与励磁电流之间 $\dot{I}_0$ 的关系可用一个阻抗来表达，即：

$$\dot{E}_1 = -\dot{I}_0 Z_m \qquad (5-10)$$

式中的 Z_m 称为变压器的励磁阻抗，它是表示变压器铁心磁化性能和铁磁损耗（铁耗）的一个综合参数，其表达式为：

$$Z_m = R_m + jX_m \qquad (5-11)$$

式（5-11）中的 R_m 称为变压器的励磁电阻，它是表示铁磁损耗的一个等值参数。由于变压器铁心的磁化曲线是非线性的，磁导随铁心饱和程度的提高而降低，励磁电抗 X_m 将随饱和程度的提高而减小，因而，严格地讲，励磁阻抗 Z_m 不是一个常值，但是，一般情况下由于变压器的电源电压变化不大，可以近似认为励磁阻抗 Z_m 是一个常值。

变压器实际空载运行时，空载电流 $\dot{I}_0$ 激励的磁通分为两部分：一部分为主磁通，它同时与原边、副边绕组交链并产生感应电势 $\dot{E}_1$ 和 $\dot{E}_2$；另一部分通过原边绕组周围的空间形成闭路，只与原边绕组交链而不与副边绕组交链，称为原边绕组漏磁通，用 $\dot{\Phi}_{s1}$ 表示，它在原边绕组中产生的感应电势称为漏电抗电势，用 $\dot{E}_{1\sigma}$ 表示，相应的漏电抗用 $\dot{X}_{1\sigma}$ 表示，则：

$$\dot{E}_{1\sigma} = -\mathrm{j}\dot{I}_0\dot{X}_{1\sigma} \tag{5-12}$$

由于漏磁通经过空气闭路，磁路不会饱和，使得漏磁通保持与 $\dot{I}_0$ 成正比，所以 $\dot{X}_{1\sigma}$ 是一个常数。由于漏磁通经过的路径磁阻很大，因此相应的漏电抗和漏电抗电势是很小的。

理想变压器空载运行时，原边绕组对于电源来说近似于一个纯电感负载，所以它的空载电流比电压滞后 $90°$，是无功电流，用来产生主磁通。而实际变压器空载运行时，空载电流除产生主磁通和漏磁通外，还具有有功分量，以供给绕组电阻和铁心中的损耗，这时的空载电流 $\dot{I}_0$ 比电压滞后不到 $90°$ 而接近 $90°$。在一般的电力变压器中，铁心回路的磁阻很小，励磁阻抗很大，因而空载电流入是相当小的，只有额定电流的 6% 左右。

实际变压器的原边绕组有很小的电阻尼，空载电流流过要产生电压降 $\dot{I}_0R_1$，它和感应电势 $\dot{E}_1$、漏电抗电势 $\dot{E}_{1\sigma}$ 一起为电源电压所平衡，故可得实际变压器空载时原边绕组的电压方程为：

$$\begin{aligned}
\dot{U}_1 &= -\dot{E}_1 - \dot{E}_{1\sigma} + \dot{I}_0R_1 \\
&= -\dot{E}_1 + \mathrm{j}\dot{I}_0X_{1\sigma} + \dot{I}_0R_1 \\
&= -\dot{E}_1 + \dot{I}_0(R_1 + \mathrm{j}X_{1\sigma}) \\
&= -\dot{E}_1 + \dot{I}_0Z_{1\sigma}
\end{aligned} \tag{5-13}$$

式中，$Z_{1\sigma} = R_1 + \mathrm{j}X_{1\sigma}$ 是变压器原边绕组的漏阻抗。由于 R_1、$X_{1\sigma}$ 均很小，$Z_{1\sigma}$ 也是很小的，很小的空载电流在漏阻抗上产生的压降当然也是很小的，所以实际变压器空载运行时可以认为：

$$\dot{U}_1 \approx \dot{E}_1 = 4.44fN_1\dot{\Phi}_{\mathrm{m}} \tag{5-14}$$

式（5-14）再次表明，变压器运行时铁心中的磁通 $\dot{\Phi}_{\mathrm{m}}$ 基本上不变。

3. 变压器的负载运行

负载运行是指变压器的原边绕组接在电源上，副边绕组接上负载后输出电流的状态。

1）原边绕组和副边绕组电流的关系

变压器负载运行示意图如图 5-2 所示。

变压器空载运行时，原边绕组流过空载电流 $\dot{I}_0$，铁心磁路只有励磁磁势 $\dot{I}_0N_1$，它产生的主磁通 $\dot{\Phi}_{\mathrm{m}}$ 分别在原边、副边绕组中感应出电势 $\dot{E}_1$ 和 $\dot{E}_2$。当副边绕组接上负载后，在 $\dot{E}_2$ 作用下，副边绕组流过负载电流 $\dot{I}_2$，并产生相应的磁势 $\dot{I}_2N_2$，也加在铁心磁路上，根据愣次定律，该磁势将使铁心中的主磁通 $\dot{\Phi}_{\mathrm{m}}$ 趋于改变，因而 $\dot{E}_1$ 也将趋于改变，从而打破了原有的平衡，使原边绕组电流发生变化。

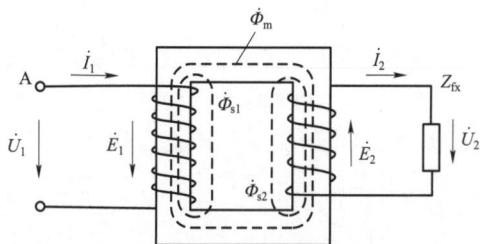

图 5-2 变压器负载运行示意图

设电流由 $\dot{I}_0$ 变为 $\dot{I}_1$，则变压器负载运行时原边绕组电压方程为：

$$\dot{U}_1 = -\dot{E}_1 + \dot{I}_1Z_{1\sigma} \tag{5-15}$$

由于 $\dot{I}_1Z_{1\sigma}$ 在数值上比 $\dot{E}_1$ 小很多，将 $\dot{I}_1Z_{1\sigma}$ 忽略不计。当 $\dot{U}_1$ 不变时，$\dot{E}_1$ 近似不变，与 $\dot{E}_1$ 对

应的磁通 $\dot{\Phi}_{\mathrm{m}}$ 也近似不变，因而变压器空载时和负载时产生该磁通 $\dot{\Phi}_{\mathrm{m}}$ 的磁势也应该不变，即空载时的励磁磁势与负载时的合成磁势应该相等，由此，可以得出变压器的磁势平衡方程为：

$$\dot{I}_0 N_1 = \dot{I}_1 N_1 + \dot{I}_2 N_2 \qquad (5-16)$$

式（5-16）表明，变压器负载时原边绕组电流产生的磁势与副边绕组电流产生的磁势的合成值等于励磁电流产生的磁势。在上式中用 N_1 除各项后可得：

$$\dot{I}_1 = \dot{I}_0 + \dot{I}_1' \qquad (5-17)$$

式（5-17）中 $\dot{I}_1' = -\dfrac{N_1}{N_2}\dot{I}_2$，表示原边绕组电流的负载分量。

式（5-17）表明，原边绕组电流 $\dot{I}_1$ 由两部分组成：其中 $\dot{I}_0$ 用来产生磁通 $\dot{\Phi}_{\mathrm{m}}$，称它为励磁分量；$\dot{I}_1'$ 用以抵消副边绕组电流 $\dot{I}_2$ 产生的去磁作用，称它为负载分量。当变压器的负载电流 $\dot{I}_2$ 变化时，原边绕组电流 $\dot{I}_1$ 会相应变化，以抵消副边绕组电流的影响，使铁心中的磁通基本上不变。正是磁通近似不变的这种效果，使得变压器可以通过磁的联系，把输入到原边绕组的电功率传递到副边绕组电路中去。这个概念是相当重要的。从功率平衡的角度来讲，副边绕组输出了功率，原边绕组就应该相应地输入功率。

当变压器在额定负载下运行时，励磁电流入相对于额定电流来说是很小的，故将式（5-17）中的 $\dot{I}_0$ 忽略后可得：

$$\dot{I}_1 \approx \frac{N_1}{N_2}\dot{I}_2 = -\frac{1}{K}\dot{I}_2 \qquad (5-18)$$

式（5-18）表明，变压器的原边绕组电流 $\dot{I}_1$ 与副边绕组电流 $\dot{I}_2$ 在相位上几乎相差 $180°$，而有效值的大小是 $\dot{I}_2$ 为 $\dot{I}_1$ 的 K 倍。

2）变压器负载运行时原边绕组电压方程

变压器负载运行时，除原边绕组电流与空载时的不一样外，其他电磁关系仍与空载时相同，所以原边绕组的电压方程可将空载运行时电压方程中的 $\dot{I}_0$ 改为 $\dot{I}_1$ 而得到，即：

$$\begin{aligned}
\dot{U}_1 &= -\dot{E}_1 - \dot{E}_{1\sigma} + \dot{I}_1 R_1 \\
&= -\dot{E}_1 + \mathrm{j}\dot{I}_1 \dot{X}_{1\sigma} + \dot{I}_1 R_1 \\
&= -\dot{E}_1 + \dot{I}_1(\mathrm{j}\dot{X}_{1\sigma} + R_1) \\
&= -\dot{E}_1 + \dot{I}_1 Z_{1\sigma}
\end{aligned} \qquad (5-19)$$

3）变压器负载运行时副边绕组电压方程

原边绕组有电阻 R_1 及漏磁通 $\dot{\Phi}_{\mathrm{s}1}$；同理，副边绕组也有电阻 R_2 及漏磁通 $\dot{\Phi}_{\mathrm{s}2}$，如图 5-2 所示，负载电流 $\dot{I}_2$ 流过时会产生相应的电阻压降 $\dot{I}_2 R_2$ 及漏抗电势 $\dot{E}_{2\sigma} = -\mathrm{j}\dot{I}_2 \dot{X}_{2\sigma}$。根据正方向的规定和基尔霍夫定律可知，副边绕组电路的电压方程为：

$$\begin{aligned}
\dot{U}_2 &= \dot{E}_2 + \dot{E}_{2\sigma} - \dot{I}_2 R_2 \\
&= \dot{E}_2 - \mathrm{j}\dot{I}_2 \dot{X}_{2\sigma} - \dot{I}_2 R_2 \\
&= \dot{E}_2 - \dot{I}_2(\mathrm{j}\dot{X}_{2\sigma} + R_2) \\
&= \dot{E}_2 - \dot{I}_2 Z_{2\sigma} \\
&= \dot{I}_2 Z_{2\mathrm{L}}
\end{aligned} \qquad (5-20)$$

式（5-20）中 Z_{2L} 表示副边绕组电路的负载阻抗；$Z_{2\sigma}$ 表示副边绕组的漏阻抗。

4）变压器的基本方程

综上分析，变压器负载运行时各量的关系可以用变压器的基本方程来表达，即：

$$\dot{U}_1 = -\dot{E}_1 + \dot{I}_1 Z_{1\sigma}$$

$$\dot{U}_2 = \dot{E}_2 - \dot{I}_2 Z_{2\sigma}$$

$$\frac{\dot{E}_1}{\dot{E}_2} = K$$

$$\dot{I}_1 + \frac{\dot{I}_2}{K} = \dot{I}_0 \tag{5-21}$$

$$\dot{E}_1 = -\dot{I}_0 Z_m$$

$$\dot{U}_2 = \dot{I}_2 Z_{2L}$$

根据变压器的基本方程（5-21），当知道了电源电压 $\dot{U}_1$、变压器的变压比 K、漏阻抗 $Z_{1\sigma}$ 和 $Z_{2\sigma}$、励磁阻抗 Z_m 及变压器所接的负载阻抗 Z_{2L} 后，就可以求出电流等其他未知量。但是，用上述方程来直接求解还比较复杂。为了简化对变压器的分析，下面介绍变压器的等效电路。

4. 单相变压器的联接组别

1）变压器绕组的同名端

在任何瞬间，变压器的原、副边绕组电势极性相同的两个对应的端点，称为同名端或同极性端，通常用标记"·"或"*"表示。

在使用变压器或其他磁耦合线圈时，经常会遇到两个绕组或线圈同名端的正确连接问题。

例如，假设某变压器的原、副边绕组由两个匝数相等绕向一致的绕组组成，如图 5-3（a）中绕组 1-2 和 3-4 所示。如每个绕组额定电压力 110 V，则当电源电压力 220 V 时，应把两个绕组串联起来使用，如图 5-3（b）所示的接法。如电源电压为 110 V 时，则应将它们并联起来使用，如图 5-3（c）所示的接法。

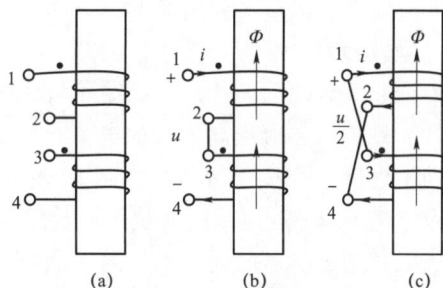

图 5-3　变压器的正确连接

当接法正确时，两个绕组所产生的磁通方向相同，磁通在铁心中互相迭加。如接法错误，则两个绕组所产生的磁通方向相反，它们在铁心中互相抵消，使铁心中的合成磁通为零，在每个绕组中也就没有感应电势产生，相当于短路状态，会把变压器烧毁。因此，同名端的判定是相当重要的，其判定方法如下。

（1）对两个绕向已知的绕组，当电流从两个同名端流入（或流出）时，铁心中所产生的磁通方向是一致的，如图 5-4（b）所示，1 和 3 为同名端，电流从这两个端点流入时，它们在铁心中产生的磁通方向相同。同理可判断图 5-4（a）中的两个绕组，1 和 4 为同名端。

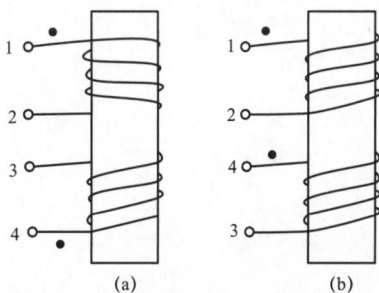

图 5-4　同名端的判定

（2）对于一台已经制成的变压器，无法从外部观察其绕组的绕向，因此无法辨认其同名端，此时可用实验的方法进行测定。测定的方法有交流法和直流法两种，以下介绍用交流法来测定变压器绕组的同名端。如图 5-5 所示，将原、副边绕组各取一个接线端连接在一起，如图 5-5 中的 2 和 4，并在一个绕组上（图 5-5 中为 N_1 绕组）加一个较低的交流电压 U_{12}，再用交流电压表分别测量 U_{12}、U_{13}、U_{34} 的值，如果测量结果为：$U_{13}=U_{12}-U_{34}$，则说明 N_1、N_2 绕组为反极性串联，故 1 和 3 为同名端；如果 $U_{13}=U_{12}+U_{34}$，则说明 N_1、N_2 绕组为同极性串联，故 1 和 4 为同名端。

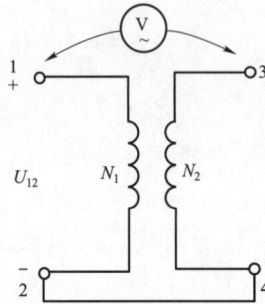

图 5-5　同名端的测定

2）单相变压器的联接组别

国家标准规定，单相变压器的高压绕组出线端，以大写字母 A、X 表示，而低压绕组的出线端则以小写字母 a、x 表示，其中 A、a 表示绕组的首端，X、x 表示绕组的末端。把绕组的出线端分为首端和末端并标上字母的这种标志方法，有两种标法：一种是把变压器高、低压绕组的同名端标为首端，如图 5-6 中的（a）和（d）所示；另一种是把变压器高、低压绕组的非同名端标为首端，如图 5-6 中的（b）和（c）所示。

规定用首端指向末端的电势 $U_{13}=U_{12}+U_{34}$ 和 $\dot{E}_{ax}$ 来比较两个绕组感应电势的相位关系，为了简单，用 $\dot{E}_A$ 表示 $\dot{E}_{AX}$，用 $\dot{E}_a$ 表示 $\dot{E}_{ax}$。从图中 4 种情况可见，原边绕组和副边绕组的感应电势 $\dot{E}_A$ 和 $\dot{E}_a$ 可以同相也可以反相，这取决于它们的绕向及如何标志首末端。如果把原边绕组和副边绕组的同名端标为首端，则 A 和 a 同相；如果把原边绕组和副边绕组的非同名端标为首端，则 $\dot{E}_A$ 和 $\dot{E}_a$ 反相。

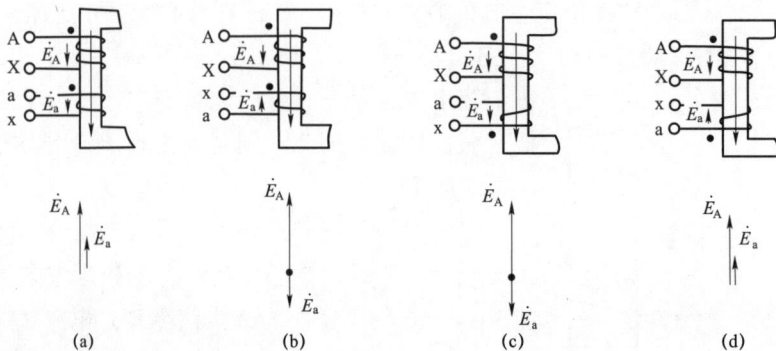

图 5-6　高、低压绕组相电势相位关系的标志方法

学习工作单与考核表

任　　务	主变压器工作原理认知			
学习小组		姓名		
学习工作任务		学习工作任务完成评价		
工作任务 1：掌握（主）变压器工作原理		自我评价	小组评价	教师评价
工作任务 2：分析变压器空载与负载运行		自我评价	小组评价	教师评价

→ 自测题

简答题

（1）简述变压器的工作原理。

（2）分析变压器的空载与负载运行。

◆ 任务 5.2　主变压器结构认知

→ 布置任务

1. 认识主变压器结构

2. 认识主变压器的主要技术参数

3. 认识主变压器的保护方式

→ 相关资料

　　HXD_{3C} 型货运电力机车采用 JQFP2－9000/25（DL）型主变压器，HXD_{3C} 型客运电力机车采用 JQFP－10160/25 型主变压器。主变压器是采用下悬式安装方式的一体化多绕组变压器，冷却方式采用强迫导向油循环风冷。主变压器采用全密封结构。HXD_{3C} 型电力机车主变压器悬挂在机车车下中部，为轴向分裂、心式卧放、下悬式安装的一体化多绕组变压器，具有高阻抗、重量轻等特点；采用了真空注油、强迫风冷、氮气密封等特殊的工艺措施，延长了变压器的绝缘寿命，主变压器布置如图 5-7 所示。

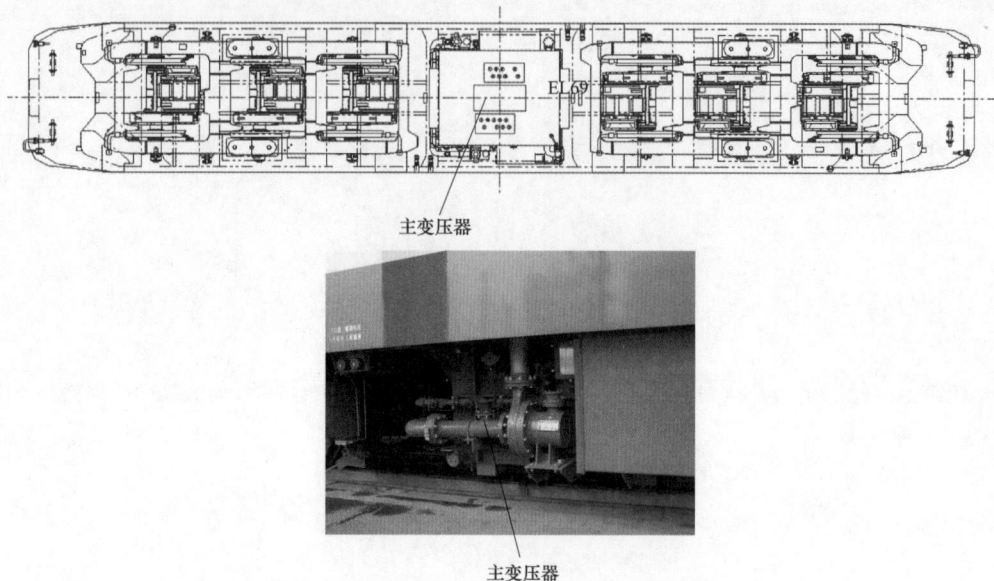

图 5-7　主变压器布置

1. 主变压器主要技术参数

主变压器的 6 个 1 450 V 牵引绕组分别用于两套主变流器的供电，2 个 399 V 辅助绕组分别用于辅助变流器的供电，2 个 860 V 供电绕组分别用于 DC 600 V 列车供电柜的供电（仅客运方案），主变压器接线如图 5-8 所示。

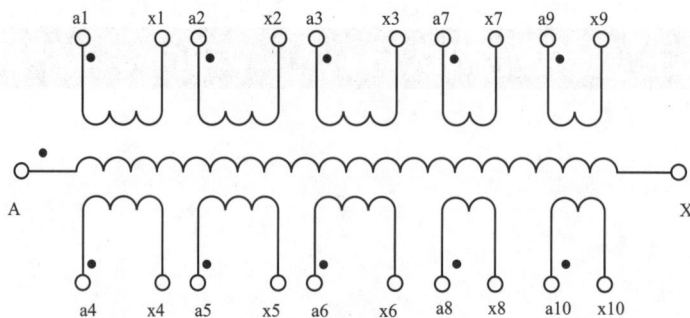

图 5-8　主变压器接线

高压绕组：AX。

牵引绕组：a1x1～a6x6。

辅助绕组：a7x7、a8x8。

供电绕组：a9x9、a10x10（只有 JQFP-10160/25 型主变压器有该绕组）。

JQFP2-9000/25（DL）型主变压器和 JQFP-10160/25 型主变压器的额定参数分别如表 5-1 和表 5-2 所示。

表 5-1 JQFP2-9000/25（DL）型主变压器的额定参数

参数	高压绕组	牵引绕组	辅助绕组
额定容量/kVA	900×6	1 400×6	303×2
额定电压/V	25 000	1 450	399
额定电流/A	360	966×6	759
短路阻抗/%	—	46.7	18
总损耗/kW	225（所有低压绕组同时工作时）		

表 5-2 JQFP-10160/25 型主变压器的额定参数

参数	高压绕组	牵引绕组	辅助绕组	供电绕组
额定容量/kVA	9 233	1 244.5×6	303×2	580×2
额定电压/V	25 000	1 450	401	860
额定电流/A	369	858×6	756	675
短路阻抗/%	—	41	17	5.9
总损耗/kW	255（所有低压绕组同时工作时）			

2. 主要设计特点

（1）采用下悬式安装，强迫导向油循环风冷方式，内装一台主变压器，总重 13.8 t。主变压器与储油柜一体化设计，冷却装置分开布置。

（2）变压器采用心式卧放结构，A 级绝缘，普通矿物油；变压器及油循环系统均采用真空注油，储油柜封入高纯度氮气，是与空气完全隔离的全封闭结构。

（3）高阻抗绕组结构，使变压器内部空间磁场很强，大量采用无磁结构件。

（4）油箱采用磁屏蔽的方式，避免漏磁干扰外部信号。

（5）线圈导线采用 Nomex 纸绝缘，具有耐热等级高，机械强度大的特点。

（6）全铝板翅式冷却器，两路油循环系统。

（7）高压端子采用 Nexans 公司 M400 AR-3 端子。低压端子与 HXD$_3$ 型电力机车主变压器采用的端子一致。

3. 外部结构布置、外形尺寸及接线端子布置

JQFP2-9000/25（DL）型主变压器由油箱、器身、油保护装置、冷却系统、出线装置、其他附属装置等组成。器身由铁心、绕组、绝缘件、引线装置组成。器身绝缘和引线装置，油浸式变压器的内部绝缘分为主绝缘和纵绝缘两类。主绝缘：绕组（或引线）对地及对其他绕组（或引线）之间的绝缘。纵绝缘：同一绕组不同部位之间的绝缘。通风机、冷却器、安装在车体台架上方。高压绕组的高压端子 1U 安装在油箱壁上，其余端子都安装在油箱箱盖上，主变压器外部结构布置见图 5-9，主变压器外形尺寸及接线端子布置见图 5-10。

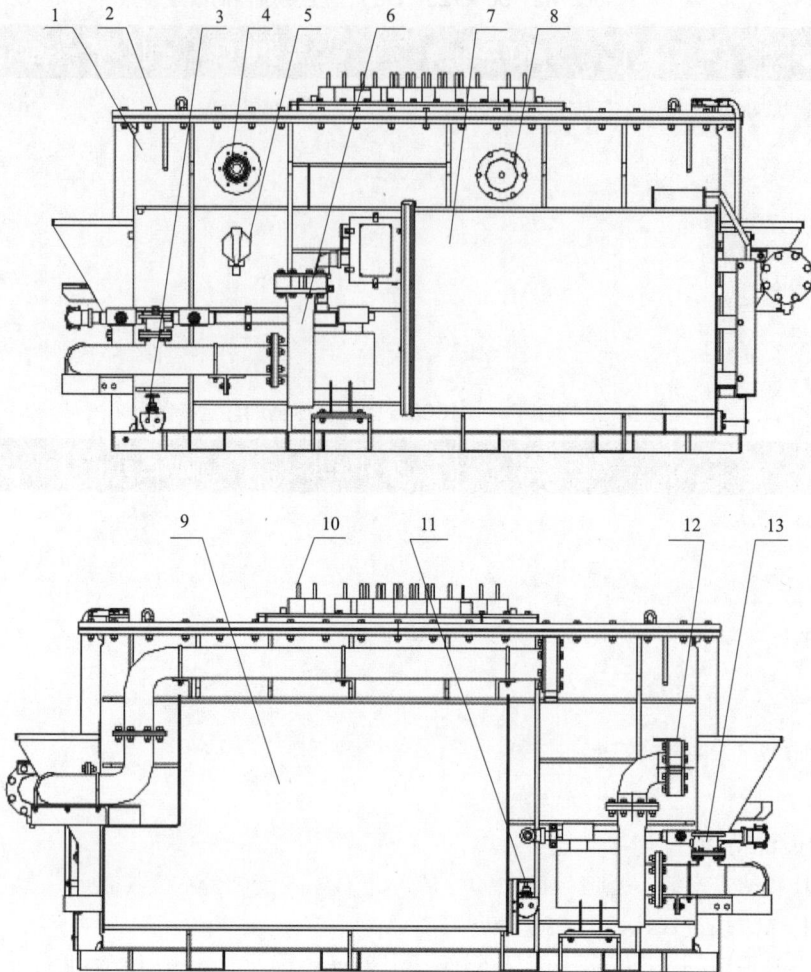

图 5-9 中：

1—油箱；2—箱盖；3—注放油阀；4—高压端子；5—温度继电器；6—油泵；7—储油柜；8—压力释放阀；

9—氮气膨胀箱；10—低压端子；11—注氮阀；12—蝶阀；13—油流继电器。

图 5-9　主变压器外部结构布置

4. 主变压器循环冷却原理

主变压器有两个油循环回路。主变压器油箱内部被隔板分隔成两个区，一端为进油区，另一端为出油区。出油区的热油被油泵抽出，经蝶阀、油流继电器送入油冷却器，通过散热翅片与冷却空气进行热交换后，油管和蝶阀由油箱进油侧进入线圈，通过挡油圈、撑条、垫块、围屏导向在线圈内部流动、冷却，由线圈排油侧流到油箱的出油区，如此往复循环，如图 5-11 所示。

5. 变压器的保护功能

1）油温保护

主变压器具有油温检测功能，设有 1 个温度继电器，检测油路的油温，当主变压器的油温超过 100 ℃时，温度继电器动作，主变流器封锁，停止输出功率。

单位：mm

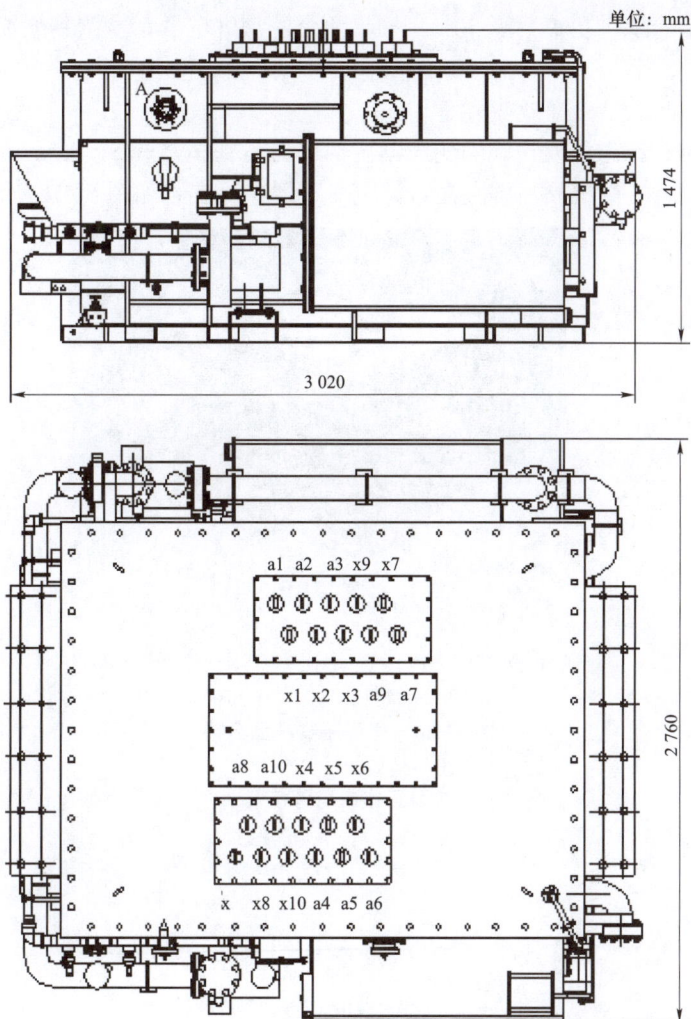

图 5-10　主变压器外形尺寸及接线端子布置

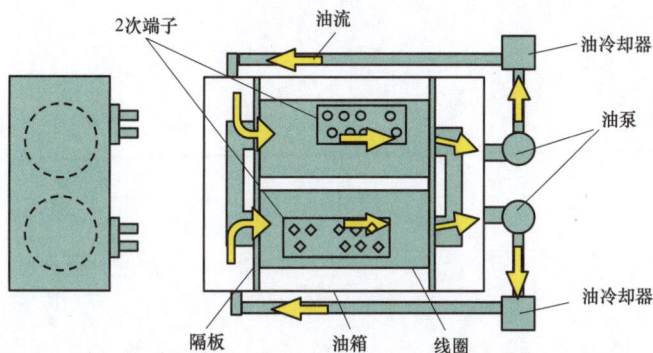

图 5-11　主变压器循环冷却原理

2）油流保护

主变压器具有两路油循环冷却支路，各设有一个油流继电器对油流情况进行监测。如果一个油流继电器检测到无油循环，则该冷却支路对应的 3 组牵引变流器和 1 组辅助变流器禁止功率输出，机车的牵引功率下降 50%。如果两个油流继电器都检测到无油循环，则断开主断路器。

3）压力保护

主变压器安装有压力释放阀。当变压器内部压力达到（95±15）kPa 时，压力释放阀动作，释放压力，同时在微机显示屏上显示。主变压器产品实物如图 5-12 所示。

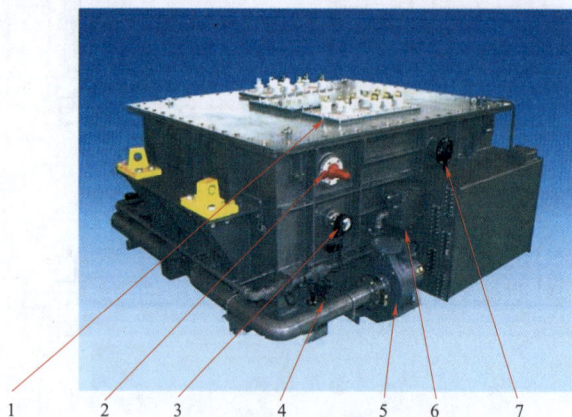

1—低压端子；2—高压端子；3—油温继电器；4—油流继电器；
5—油泵；6—接线箱；7—压力释放阀。

图 5-12　主变压器产品实物

学习工作单与考核表

任　　务	主变压器结构认知		
学习小组		姓名	
学习工作任务	学习工作任务完成评价		
工作任务 1：认识主变压器结构	自我评价	小组评价	教师评价
工作任务 2：认识主变压器的主要技术参数	自我评价	小组评价	教师评价
工作任务 3：认识主变压器的保护方式	自我评价	小组评价	教师评价

→ **自测题**

1. 填空题

（1）主变压器组成包括（　　　）、油箱、保护装置、冷却系统、出线装置。

（2）HXD$_{3C}$ 型电力机车主变压器具有油温检测功能，设有（　　　）个温度继电器。

（3）HXD$_{3C}$ 型电力机车主变压器的 6 个（　　　）V 牵引绕组分别用于两套主变流器的供电。

（4）HXD$_{3C}$ 型电力机车主变压器安装有（　　　）。当变压器内部压力达到（95±15）kPa 时，压力释放阀动作，释放压力，同时在微机显示屏上显示。

2. 简答题

（1）简述 HXD$_{3C}$ 型电力机车主变压器循环冷却原理。

（2）HXD$_{3C}$ 型电力机车主变压器如何进行油流保护？

任务 5.3　主变压器的维护保养

→ **布置任务**

1. 掌握主变压器测量要求
2. 分析主变压器保养方法

→ **相关资料**

1. 测量与试验要求

1）线圈的电阻测量

测量高压线圈及牵引、辅助线圈的电阻。

2）变压比测量

测量高压绕组和其他绕组间的变压比，并判断是否在规定的范围内。

3）空载电流和空载损耗的测量

出厂试验时要求测量一次线圈在额定电压 1.0 U 下的空载电流和空载损耗，型式试验时则要分别考核 0.7 U、0.8 U、0.9 U、1.0 U、1.1 U、1.24 U 下的空载电流和空载损耗。

4）阻抗电压的测量

出厂试验中要求测量高压绕组分别对 6 个牵引绕组和 2 个辅助绕组间的短路阻抗、6 个牵引绕组串联和 2 个辅助绕组串联间的短路阻抗。型式试验除包括上述内容外，还要测量高压绕组、6 个牵引绕组、2 个辅助绕组中任意两个绕组间的短路阻抗。

5）负载损耗和总损耗的测量

负载损耗在测量短路阻抗时同时被记录下来。总损耗是空载损耗与折算到相应基准温度的绕组负载损耗之总和。

6）温升试验

温升试验仅在型式试验中实施，用于模拟变压器在满负荷时的工况，测量各绕组和不同位置的油温。

7）耐电压试验

耐电压试验包括感应耐压试验、工频耐压试验和雷电冲击试验。工频耐压试验测试低压线圈的主绝缘。感应耐压试验则测试各线圈的纵绝缘是否有缺陷。雷电冲击试验用脉冲波形，模拟大气雷电对变压器进行冲击，该项试验仅出现在主变压器的型式试验中。

2. 保养及维护

主变压器的日常保养及维护内容如下。

1）保护装置

检查主变压器外观及主变压器的油流继电器、压力释放阀、温度继电器等保护装置部件是否损坏，如发现渗、漏油需更换密封垫。

2）冷却循环系统管路和其他附件

检查主变压器的密封性，主变压器油箱及冷却系统连接管路，以及油泵、高低压套管、蝶阀、活门、储油柜上的油标等附件，如有渗、漏油需更换密封垫。

3）连接电缆

检查所有与主变压器连接的电缆，外部绝缘不应有损伤，接线端子连接处的紧固件应安装牢靠，无松动；检查接线箱内接线柱上电缆的连接状态，应紧固牢靠，无松动，接线箱内部不应有雨水进入。

4）油泵

检查主变压器油泵，接通工频电源时应无异常噪声及渗漏发生。

5）紧固件

检查主变压器及其部件的安装螺栓，应安装牢靠，无松动。

6）变压器油

从油箱底部的注放油阀处采集变压器油样，进行化验、分析，每年至少进行一次。

7）油位及氮气压力检查

如主变压器发生严重漏油，在漏油问题解决后，观察储油柜上的油标，如果显示的温度与实际环境温度误差大于 30 ℃，需要用专用设备对主变压器进行补油或补氮。调整后氮气膨胀箱内氮气的压力应满足表 5-3 的要求。

表 5-3　油温与压力值

油温/℃	-30	-20	-10	0	10	20	30	40
压力/MPa	-0.039	-0.037	-0.035	-0.033	-0.030 5	-0.028	-0.025	-0.021

学习工作单与考核表

任　务	主变压器的维护保养			
学习小组		姓名		
学习工作任务		学习工作任务完成评价		
工作任务1：掌握主变压器测量要求		自我评价	小组评价	教师评价

续表

学习工作任务	学习工作任务完成评价		
工作任务 2：分析主变压器保养方法	自我评价	小组评价	教师评价

→ 自测题

1. 填空题

（1）检查主变压器外观及主变压器的油流继电器、压力释放阀、温度继电器等保护装置部件是否损坏，如发现渗、漏油需更换（　　）。

（2）从油箱底部的注放油阀处采集变压器油样，进行化验、分析，每年至少进行（　　）。

2. 简答题

（1）主变压器测量有哪些项点？

（2）简述主变压器日常保养及维护的注意事项。

参 考 文 献

[1] 张龙，李晓艳，华彤天，等. 电力机车电机电器 [M]. 成都：西南交通大学出版社，2018.

[2] 李作奇，罗林顺，华彤天，等. 机车电机电器 [M]. 成都：西南交通大学出版社，2020.

[3] 杨艳，李艳霞，田纪云. 电力机车电机一体化教材 [M]. 北京：北京交通大学出版社，2022.